道徳授業改革シリーズ

千葉孝司の　道徳授業づくり

発問を変える！
価値に迫る
道徳授業

千葉孝司 著

明治図書

まえがき

　突然ですが，授業には次の３層構造が存在していると私は考えます。

○教師の思い

○授業のやりとり

○生徒の思い

　これらを鉄道に見立てると次のようになります。

○教師の思い＝モノレール

○授業のやりとり＝鉄道

○生徒の思い＝地下鉄

　この３層構造を道徳授業の地下鉄理論と名付けたいと思います。

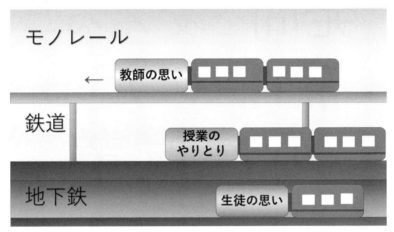

　授業のねらいという駅に向かって列車は進みます。そのために教師は線路を敷きます。そして教師の思ったようなコースで駅にたどりつくことができると成功したように感じるでしょう。

　しかし，見落としていることがあります。それはその鉄道と並行する形でモノレールが走っていることです。これが教師の思いです。鉄道から見上げれば「こんな反応があってほしい」「こんなことに気づいてほしい」という教師の思いは，透けて見えるものです。授業の中で生徒がねらい通りの発言

をしていたとしても，それは本音とは限らないのです。鉄道からモノレールを見上げ忖度しつつの発言かもしれません。本当に深い思考をするよりも忖度するほうが楽だからです。

　そして教師の思いがそこにあるように，生徒の思いもあるのです。それは地下鉄に例えることができるでしょう。授業中の発言とは別に，生徒の思いは地下に存在し進んでいるのです。

　鉄道やモノレールでは目的の駅にたどりつけたとしても，地下鉄はたどりついていないことも往々にしてあります。そして授業のねらいという駅には地下鉄でしか行けないのです。

　「二通の手紙」という教材で，教師が「きまりの大切さ」という駅にたどりつかせたいと願ったとします。教師の思いというモノレールは，きまりの大切さに向かって進んでいます。それと並行するように授業のやりとりという鉄道も進んでいます。では授業が終わったときに，生徒の思いという地下鉄はどこにたどりついているでしょう。「きまりの大切さ」という駅ではなく「余計な思いやりをもつと損をする」という駅にたどりついているかもしれません。

　いや，そんなことはない。こんな発言もしているし感想も書いているといっても，それは鉄道上の話です。モノレールからは地下鉄が見えません。鉄道とは別に隠された本音があるのです。

　きれいごとや建前に終始する授業ではなく，もっと本気で思考し心を揺さぶる授業がしたいというのが本シリーズの願いです。本書ではこの地下鉄理論を土台としながら，カウンセリングの機能を活用し発問を変えることで価値という駅に向かうことを提案しています。

　今，教育書コーナーは様々な道徳本にあふれていますが，一風変わったものができたのではと自負しております。授業づくりに新たな視点を得ていただければ幸いです。

千葉　孝司

Contents

Chapter 3 カウンセリングの機能を生かした道徳授業

Chapter 4 発問を生む教材研究

Chapter 5 発問が生まれる入れ子式道徳授業

Chapter 6 授業づくりの実際

Epilogue 現代的課題に迫る道徳授業

あとがき

Prologue

価値に迫る道徳授業

　本書は「発問を変える！価値に迫る道徳授業」と銘打ちました。価値に迫るためには，どんな授業が必要でしょうか。「人間の気高さ」という価値で考えてみましょう。

　人間の気高さに迫るためには，まず人間の気高さという価値に気づくことから始まります。そしてその価値を自分自身が内包していることに気づき，それを発揮する，あるいは近づきたいなという思いを抱かせることが大切です。あくまでもそれは自発的なものでなくてはなりません。

　教師は教材を使って，発問，指示，説明，話し合い等によって，価値に迫らせようとします。その際に，「この人はどんなふうに素晴らしいのかな？」と直接問うのではなく，間接的な問いを組み合わせることで，生徒自身の中に問いが生み出されることが大切だと私は考えます。

　本章では実際の授業を紹介します。中国の思想家・墨子を題材としながら，人間の気高さを考えさせるオリジナル授業です。本授業で紹介する墨子のエピソードは，もう30年ほど前に知ったものです。そのときの感動をいつか生徒に伝えたいとずっと考えてきました。

　自分自身が，熱意をもって伝えられることもあり，最も好きな授業の一つです。PPTのスライド形式で授業を実感していただければと思います。

雨宿り

> 傘を貸してあげて　KOKIA

【スライド1】

● それでは最初に曲を聴いてもらいます。

「傘を貸してあげて」（KOKIA）１番のみ聴きます。

ゆったりとしたバラードで授業のレディネスをつくっていきます。

傘を貸してあげて　　　歌・詞・曲 KOKIA

あの雲の下の誰かは　突然のとおり雨に

今頃　困っているかもしれない

まるで昨日の私のように…

誰か傘を貸してあげて

突然のとおり雨をしのげるように

そっと　肩を貸してあげて

今はただ安心で　包んであげて

もうこれ以上は　悲しまなくていいと

```
┌─────────────────────────────────────────┐
│                                           │
│   自分が濡れても傘を貸してもいい。          │
│   そう思える相手は，何人くらいいますか。    │
│                                           │
│                                           │
└─────────────────────────────────────────┘
```

【スライド2】

●自分が濡れても傘を貸してもいい。そう思える相手は，何人くらいいますか。

　人数を交流します。濡れてまで貸したくないという生徒もいれば，100人以上という生徒まで幅広い考えがあります。

```
┌─────────────────────────────────────────┐
│                                           │
│                        ┌──────┐          │
│                        │      │          │
│   傘を貸せる人 ＝  ──────────────         │
│                     7,000,000,000         │
│                                           │
└─────────────────────────────────────────┘
```

【スライド3】

●世界の人口が70億人だとすると，傘を貸せる人は70億分の□ですね。

　傘を貸せる相手が100人と答えた生徒であっても，自分の答えた数字が小さいことに気づきます。

西暦１年ごろの世界の人口は
どれくらいでしょうか。

【スライド4】

●西暦１年ごろの世界の人口はどれくらいでしょうか。

→多くても３億人くらいではと考えられています。

諸説ありますが，本時では３億人くらいという説で進めます。

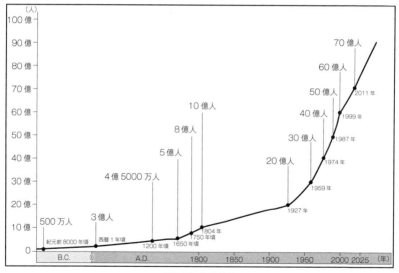

【スライド5】

スライドを提示することで急激な人口増加を実感させます。

人口と比例するように，
人類はどんなことを進化させてきたでしょうか。

【スライド6】

●人口と比例するように，人類はどんなことを進化させてきたでしょうか。
　スライドを見ながら考えさせるとよいです。
〔生徒の反応〕医学の進歩，科学技術の進歩　等
●それでは実際に18世紀以降の人類の営みについて振り返ってみましょう。
　以下のスライドには実際の写真等をつけるとイメージしやすいです。

18世紀

フランスで熱気球が人を乗せて飛びました。
地上では馬車が走っています。

【スライド7】

●フランスで熱気球が人を乗せて飛びました。地上では馬車が走っています。

19世紀

イギリスで蒸気機関車が人を乗せて走りました。
ドイツでガソリン自動車が走りました。

【スライド8】

●イギリスで蒸気機関車，ドイツでガソリン自動車が人を乗せて走りました。

19世紀

アメリカでリンカン大統領が奴隷解放宣言をしました。

【スライド9】

●アメリカでリンカン大統領が奴隷解放宣言をしました。

```
┌─────────────────────────────────────────┐
│                                         │
│   20世紀                                  │
│                                         │
│   アメリカで飛行機が人を乗せて飛びました。        │
│   アメリカの宇宙飛行士がロケットで月に到着しまし    │
│   た。                                    │
│                                         │
│                                         │
│                                         │
└─────────────────────────────────────────┘
```

【スライド10】

●20世紀初めに飛行機が飛び，1969年に人類は月に到着しました。

```
┌─────────────────────────────────────────┐
│                                         │
│   20世紀                                  │
│                                         │
│   アメリカでキング牧師らによる人種差別をなくす運     │
│   動が広がりました。                          │
│   日本で男女雇用機会均等法が成立しました。         │
│                                         │
│                                         │
│                                         │
└─────────────────────────────────────────┘
```

【スライド11】

●アメリカでキング牧師らによる人種差別をなくす運動が広がりました。

補足：1863年にリンカン大統領の奴隷解放宣言があったものの，有色人種に
　　　対する差別は根強く残り，バスの座席すら白人用と黒人用に分かれている
　　　街もあった。1955年に黒人女性ローザ・パークスがバスの座席を白人にゆ
　　　ずらなかったことで逮捕される。これを契機として，マーティン・ルーサ
　　　ー・キング・ジュニア牧師らが立ち上がり，黒人に対する差別をなくそう
　　　とする動きが広がっていく。

●日本では1985年に男女雇用機会均等法が成立しました。

1800年代以降，科学技術は急速に進み，
差別をなくそうとする努力が始まりました。

【スライド12】

●1800年代以降，科学技術は急速に進み，差別をなくそうとする努力が始まりました。

　1903年にライト兄弟が有人動力飛行（グスターヴ・ホワイトヘッドも1901年8月に初飛行している）に成功してから，人類の月面到着まで六十数年しかかかっていないことは驚異的です。科学技術の凄まじい進歩とは裏腹に，差別をなくそうとする動きは，ごく最近のものであることを知ります。

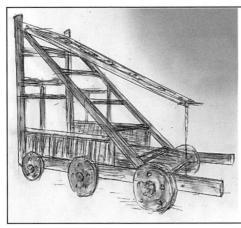

これは，いつ，
何のために
使われていたでしょ
うか。

【スライド13】

●これは，いつ，何のために使われていたでしょうか。
　ヒント：雲梯（うんてい）という名です。雲，はしごと書きます。

今からおよそ2500年前のこと。
楚の王は伝説的な大工・公輸盤の開発した新兵器，
雲梯（攻城用のはしご）で，宋を侵略しようと計画
していました。

【スライド14】

●今からおよそ2500年前のこと。楚の王は伝説的な大工・公輸盤の開発した
　新兵器，雲梯（攻城用のはしご）で，宋を侵略しようと計画していました。
　☑公輸盤（こうしゅはん）……魯の国に生まれ，後に大工仕事の祖として祭られた。

それを墨子という人が
聞きつけました。

【スライド15】

●それを墨子という人が聞きつけました。

斉という国で聞いた墨子は，10日間ぶっ通しで旅を続け，楚の京に向かいます。

☑墨子……中国の戦国時代の思想家，墨翟。魯の国に生まれ（諸説ある），紀元前5世紀後半から4世紀にかけて活躍した。この頃の中国は大小無数の国家に分かれ，群雄割拠の戦国時代であった。

彼の考えは，こうです。
「世の中の良いことは平等から
生まれ，悪いことは差別から生
まれる。
自他の区別なく全ての人に平等
に，公平に接することが大切
だ」

【スライド16】

●彼の考えは，こうです。「世の中の良いことは平等から生まれ，悪いこと
は差別から生まれる。自他の区別なく全ての人に平等に，公平に接するこ
とが大切だ」

☑墨子は兼愛と呼ばれる博愛主義を唱えた。戦乱が絶えないのは人々が互
いに愛し合わないからだと考えた。

墨子は楚に行き，公輸盤と楚王に宋を攻めないよう
に迫ります。宋を攻めることの非を責められ困った
楚王は，「あなたが公輸盤と模擬攻城戦を行い，守
りきったなら宋を攻めるのはやめましょう」と提案
します。

【スライド17】

●墨子は楚に行き，公輸盤と楚王に宋を攻めないように迫ります。宋を攻め
ることの非を責められ困った楚王は，「あなたが公輸盤と模擬攻城戦を行
い，守りきったなら宋を攻めるのはやめましょう」と提案します。

☑墨子は兼愛を実現するために，非戦と呼ばれる戦争反対論を展開した。
さらに言論だけでなく，自らの弟子たちと攻撃を受けた小国を守るため
の防御部隊を編制した。

> 「こう攻められたら，こう返します」
> 模擬戦の結果，墨子は公輸盤の攻撃をことごとく撃退し，しかも手ごまにはまだまだ余裕がありました。

【スライド18】

● 「こう攻められたら，こう返します」模擬戦の結果，墨子は公輸盤の攻撃をことごとく撃退し，しかも手ごまにはまだまだ余裕がありました。

☑ 墨子が帯や木札でつくった城を，公輸盤が城攻めの道具を用い，9回攻めたが，墨子はことごとく撃退し兵法くらべに勝利した。

王の前で敗北を喫した公輸盤
は，「私には勝つ方法があり
ますが，言わないでおきまし
ょう」と意味深な言葉を口に
します。

【スライド19】

●王の前で敗北を喫した公輸盤は，「私には勝つ方法がありますが，言わな
いでおきましょう」と意味深な言葉を口にします。

公輸盤の勝つ方法とは何でしょうかと聞いてもよいです。

> 「勝つ方法とは，私をこの場で殺すことですね。しかし，すでに防御法を授けた弟子300人が宋にいます。私が殺されても弟子たちが宋を守ってみせます」と墨子は公輸盤をやり込めます。

【スライド20】

●「勝つ方法とは，私をこの場で殺すことですね。しかし，すでに防御法を授けた弟子300人が宋にいます。私が殺されても弟子たちが宋を守ってみせます」と墨子は公輸盤をやり込めます。

☑この頃，墨子の弟子禽滑釐ら300人が，宋の城の上で，防御の武器を持って待ち構えていた。

```
┌─────────────────────────────────────┐
│                                     │
│                                     │
│   このやりとりを見て，楚王は，「宋を攻めるのはや │
│   めよう」と墨子に約束しました。        │
│                                     │
│                                     │
│                                     │
└─────────────────────────────────────┘
```

【スライド21】

● このやりとりを見て，楚王は，「宋を攻めるのはやめよう」と墨子に約束しました。

```
┌─────────────────────────────────────┐
│                                     │
│                                     │
│   さて，その帰り道。                  │
│                                     │
│                                     │
│                                     │
└─────────────────────────────────────┘
```

【スライド22】

● さて，その帰り道。

　必要に応じて，ここまでの内容「楚の国が宋の国を攻めようとして，それを墨子が命がけでやめさせた」を理解しているかを確認します。

墨子は，自分が救った宋の
城門の軒先で雨宿りをして
いました。

【スライド23】

●墨子は，自分が救った宋の城門の軒先で雨宿りをしていました。
　☑このとき墨子は斉の国に戻る途中だった。雨に濡れた質素な身なりの男
　　が自分たちの国の恩人だとは誰も気づかない。

すると城兵は「汚い乞食だ」と言って
墨子を追い払ってしまいました。

【スライド24】

●すると城兵は「汚い乞食だ」と言って墨子を追い払ってしまいました。

墨子は，もしも楚の国に行く前に宋で追い払われていたら，彼らを救わなかったでしょうか。

【スライド25】

●墨子は，もしも楚の国に行く前に宋で追い払われていたら，彼らを救わなかったでしょうか。

　生徒は「それでも行ったと思う。それが墨子という人だ」といった考えをもちます。

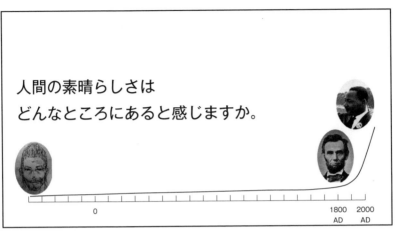

【スライド26】

●人間の素晴らしさはどんなところにあると感じますか。

　科学技術の急速な進歩と同時に，リンカン大統領やキング牧師らが差別をなくそうと闘いました。しかし悲しいことに人間は戦争や差別を繰り返してきたという現実もあります。その中でリンカンらの生まれるはるか以前の墨子の生き方は，人間という存在の素晴らしさを実感させてくれます。

　スライドを使用することで視覚的に人間の素晴らしい本質に気づくことができます。

【スライド27】

●墨子が雨に打たれながら考えていたことを書きましょう。

　「傘を貸してあげて」をもう一度聴きながらまとめさせます。

　曲を最初に聴いたときと違い，曲が墨子の気持ちそのものを歌っているように感じられます。生徒は「城兵は知らないのだから仕方がない。宋の国の人たちが救われてよかった」と墨子になりきって考えを書きます。その気高い気持ちに共鳴するのは，自分の中に同じ価値を有しているからではないでしょうか。

Chapter

1

生徒に響く
道徳授業に
するために

1 道徳授業の目的

　皆さんは，漫画『ドラゴンボール』の主人公の名前はご存知でしょうか。そうです。孫悟空です。ドラゴンボールの悟空も『西遊記』の孫悟空のように筋斗雲に乗って空を飛び，手には如意棒を持っています。でも何か違うところがあると思いませんか。

　西遊記の孫悟空の頭には輪がはめられています。この頭の輪は「緊箍児」と言います。呪文を唱えると頭が締めつけられます。悟空が悪さをしようとすると三蔵法師が呪文を唱え，こらしめる場面は印象的です。ところがドラゴンボールの悟空の頭にはそれがありません。如意棒を持って，筋斗雲に乗っているのに，なぜなのでしょうか。きっと少年漫画の主人公として，自由でありたいという子どもたちの願いが反映されているのでしょう。

　では，この頭の輪は不幸をもたらすものなのでしょうか。

　この輪がなければ，道徳的価値に反することも平気でできるかもしれません。その結果自己中心的となり，周囲と調和することができず，集団で生活することが困難になるかもしれません。

　道徳の授業の目的は，目に見えない，この頭の輪をプレゼントすることではないでしょうか。これを「道徳リング」と仮に名付けるとしましょう。この目に見えない道徳リングは，悪をすると締めつけられる頭の痛みではなく，胸にチクリと痛みを与えることでしょう。その結果，自由奔放な行動は制限されるかもしれませんが，人間的な成長や喜びにつながることもあるのではないでしょうか。

　『西遊記』の最後では，孫悟空が三蔵法師に緊箍児を外してくれるよう頼みます。ところが，それはいつの間にか消えているのです。悟空の成長の結果です。

　教師の使命は，教師がいなくても大丈夫なように生徒を成長させることです。教えなくても数学の問題に立ち向かえるように，学校生活の中の問題，これから人生で出会う問題に立ち向かえるようにすること。そこに道徳授業

の目的があるのではないでしょうか。

　そのために必要なのは道徳リングだけではありません。如意棒のように自分自身を伸ばしていこうとする心，筋斗雲に乗っているように様々な視点でものごとをとらえようとする心。道徳授業でプレゼントできるものの価値は計り知れません。

②　線香花火のような道徳授業

　しかしながら生徒の道徳授業のイメージは，次のようなものだったのではないでしょうか。

　授業の冒頭で，「今日は友情について考えます」と伝えられ，友情に関する実行困難な物語を読み，どうしてそれを実行できたかを聞かれ，自分ならどうするかを問われ，「これから友情を大切にしたいと思いました」という感想を書いて終わる。

　その授業が心に響くことも揺さぶられることもありません。これは教師のこれまでの授業のスタイルが，そうさせているのかもしれません。教師に問われることには正解があって，それを答えればよいというスタイルです。そこに慣れきった生徒は，無意識のうちに教師の求める「正解」を忖度し発表します。しかし授業中に「友情を大切にします」と言ったからといって，それが必ず実行できるわけではありません。

　わかっていることとできることは，イコールではありません。わかりきったことを確認し続けたとしても，それができるようになるわけではないのです。

　これまでの道徳授業は，授業中には良いことを言っていたのに終わると消えてしまう線香花火のようなものだったのではないでしょうか。

　線香花火道徳ではなく，その後も生徒の心に残るためには，その授業が大きく心に響くことが大切なのだと思います。言い換えると，生徒の心のロウソクに1本1本火を灯すことです。たくさんのロウソクにガスバーナーで一

斉に点火させることはできません。あくまでも一人ひとりに丁寧に火をつけ
なくてはなりません。教師が生徒に問うことで，生徒自身の中に変容が起こ
れば，それは火を灯したことになります。

　そんな火を灯すような発問こそが，道徳授業の命であると私は考えます。

3　生徒の WANT から出発する

　教師は日常生活で，道徳授業のネタになるようなものを発見すると「これ
を教えたい」と思います。さらには「これを教えなくてはならない」と感じ
ます。しかし，自信をもって授業化しても意外に反応が良くないこともあり
ます。これはその授業が教師の「〜たい」という WANT から出発し，生徒
の「〜すべきだ」という MUST を目的地としているからです。

　授業のきっかけが教師の WANT であっても，それが生徒の WANT に耐
えられるかを検証する必要があるのです。

・このことについて学ばせたい→このことについて学びたい
・このことについて考えさせたい→このことについて考えたい
・このことについて話し合わせたい→このことについて話し合いたい

　主語が教師から生徒に変わることが必要なのです。そのためにはどうすれ
ばよいのかを検証しないままでは不完全燃焼な授業になります。

　たとえば教師は，生徒に誰とでも仲良く過ごしてほしいと思っています。
しかし生徒は気の合う仲間と楽しくやれれば，それでいいと考えています。
そんな違いをそのままにして授業に臨んでも，違和感の多い不完全燃焼なも
のになってしまいます。

　その発問で求めたい変化は，誰が望んでいるものなのかを謙虚に振り返り，
どうしたら生徒自身がそれを望むようになるかを考える必要があります。そ
のときに邪魔をするのが，教師の「〜すべきである」という思考です。しか

し実際の道徳授業は，直接問う問わないはあるにせよ，「～すべき」のオン
パレードです。それでは生徒の WANT から離れるばかりです。

 理解ではなく納得させる—「大きな絵はがき」から—

「大きな絵はがき」という教材があります。

広子さんが，学校から帰ると，玄関のほうから，「郵便です。不足料金お
願いできますか」という声が聞こえてきます。転校した友人の正子さんから
絵はがきが届いたのです。ところが絵はがきは通常よりも大きなサイズなの
に，正子さんは通常サイズの切手しか貼っていません。不足分は，結局広子
さんが配達員に支払います。

そのことを教えるべきだという兄と，お礼だけ言えばいいという母の言葉
に広子さんは迷います。「正子さんならわかってくれる」と広子さんは，不
足していたことを教えることを決意するという内容です。

本当の友達なら，間違っていれば教えてあげるべきだという大人の思惑が
感じられる教材です。では実際に大人がこの主人公と同じ状態に置かれたら
どうするでしょうか。もちろん人間関係によって答えは変わりますが，以前
興味深いことがありました。学校説明会で保護者を対象に「大きな絵はが
き」の模擬授業をしたことがあります。その際には，教えてあげるという大
人は皆無でした。本当の友達なら間違ったことをしたら教えてあげるべきだ
と考えたとしても，実際に行動に移そうとする大人は皆無なのです。

それが正論であることはわかっても，行動に移せないという授業では，理
解はしても納得できていないということになります。教えるべきだというこ
とを受け止めても，行動が変わる，受け入れるというレベルにはなっていな
いのです。これでは心に響くことは難しいでしょう。道徳授業では理解を超
えて納得のレベルを目指さなくてはなりません。

この授業のゴールが，友達なら教えてあげるべきだということであるなら
ば，知らず知らずに説得するような授業構成になってしまうかもしれません。

こんな発問にすればどうでしょう。

●絶対に切手が足りなかったことを伝えたほうがいいのは，相手がどのような状態のときですか。

　まだこれからも目上の人などに出すことが予想される場合といった答えが返ってくるでしょう。重ねてこう発問します。

●絶対に切手が足りなかったことを伝えないほうがいいのは，相手がどのような状態のときですか。

　すると，転校先でなじめず，寂しい思いをしている場合といった答えが返ってきます。

　相反する発問を並列に扱うことで，どちらかに誘導しようという意図がないことがわかります。そしてこう発問します。

●あなたが，この絵はがきをもらったときに一番伝えたいことは何ですか。

　おそらく切手が足りなかったことなど些末事です。手紙をもらえてうれしかったこと，転校先で元気に過ごしているか気になること，また会いたいことなどが浮かぶでしょう。

　ここで終わってしまっては，切手が足りなかったことを伝えるかどうかという問題は未解決のままです。

　そこで実際に文面を書かせ，はがきのサイズと貼る切手の値段も選ばせます。4通りの組み合わせができることになります。

　もらった絵はがきと全く同じようにして言わなくても足りなかったことが伝わるようにするとか，そこはわからないように，大きいサイズの切手で送るとか，いろいろな考えが出てきます。それは生徒の意見を尊重すべきところでしょう。そして最後に自分事としてとらえさせるために，次のような発問をします。

●今，あなたの友人にしてあげたいなと思うことは何ですか。

　この流れであれば，生徒は納得するはずです。

　そして「道徳リング」は，相手のことなどおかまいなしに，間違いを指摘するときにこそ締めつけられるべきものなのです。

5 違う視点から考えさせる

　相手に対してどうするかを考えさせるのであれば，相手の状況も想像させるべきです。「自分はこういうつもりだったのに」と相手の視点を慮ることのできない姿勢が，様々なトラブルを引き起こします。ただし，想像してごらんと言っても，想像することが苦手な生徒も一定の割合で存在します。

　そこで正子さん側から見たストーリーを自作しました。

　「広子さん，お元気ですか。わたしは，このあいだ，蓼科高原に行ってきました。とてもきれいな景色でした。それで，絵はがきをお送りします。来年の夏休みには，一緒に行きませんか。さようなら」

　正子がペンを置くと，正子の母は心配そうに顔を覗き込みました。

　「広子ちゃんに自分の気持ちは書けたの」

　「う，うん」

　正子は，自信なげに答えました。

　転校してからもうずいぶんと日がたつのに，正子は新しいクラスになじむことができませんでした。親友の広子さんと過ごしていた毎日が恋しくてたまりません。元気のない正子を見かねて母は，休日に蓼科高原に連れていってくれました。ため息をつくばかりの毎日でしたから新鮮な空気を思いきり吸い込んで，気持ちが少し軽くなりました。

　「広子ちゃんに絵はがきを書いたらどう」

　母は道の駅で大きな絵はがきを買ってくれました。

　「広子ちゃんに自分の素直な気持ちを書いたらどう」

　母は少し微笑んで言います。

　私が新しいクラスになじめていないことを母は知っているようです。でも心配かけたくないから，そのことは黙っていました。

　今の不安な気持ちを伝えても，きっと広子さんは困ってしまう。そんなことを言って嫌な思いをさせるより，きれいな景色を見せたい。

＊

大きな絵はがきを出してから数日がたちました。

「広子ちゃん，絵はがき見たかしら」

母が，夕食の後そっと正子の部屋に入ってきました。

「人の気持ちを大切にすることも素敵なこと。自分の気持ちを大切にすることも素敵なこと。よかったら，広子ちゃんに電話をしてみない？」

母は受話器を正子に手渡しました。

広子さんの声が聞ける。そう思っただけで正子の目から涙があふれてきました。

広子さんに今の気持ちを伝えよう，広子さんなら，きっとわかってくれる。

正子は受話器を握りしめました。

．．．

この後実際に電話をかけた場面を想定し，ペアで役割演技をさせます。広子さん役の子が，切手が不足していたことを伝える場合もあります。伝えようと思っていても，伝えそびれることもあります。

実際は言おうと思っていたけど，言えなかった。でも相手のことを想っていることを伝えられたのでよかった。そんな感想を生徒は口にします。

最後に感じたことを交流すれば，この教材の価値は引き出せたことになるのではと感じます。

生徒に考えさせたいことという発想で発問をつくると，価値に追い込もうとする授業になります。生徒が「どうなんだろう」「他の人はどう考えるんだろう」と思えるような発問であってこそ，生徒自身が価値に迫ろうとする授業になるのです。

Chapter

2

価値に迫る発問

1 価値を言わされる授業

　こんな授業を目にしたことはないでしょうか。仮に授業Aとします。

　「あなたの夢は何ですか」と最初に問い，夢をあきらめなかった偉人の話を読み，感想を交流し，「偉人の生き方から学んだことは何ですか」という問いで終わります。

　授業Aでは，偉人の話という教材があり，発問もあり，級友との交流もあります。道徳授業の体裁を保っているようには感じられるでしょう。では，この授業は生徒の心に届いているのでしょうか。

　この授業Aを題材に，心に届かない発問について考えてみたいと思います。

　質問と発問は違います。質問は「千円札の肖像画の人物は誰ですか」といったもので，答えが生徒の外にあるものです。それに対し発問は，「あなたの自分で直したいと思う部分はどこですか」といった，答えが生徒の内面にあるものです。

　「あなたの夢は何ですか」という最初の問いは，授業の導入として使われることのある発問でしょう。

　しかし，そう問われる生徒に心の準備はできているのでしょうか。また，本音で自分の夢を開示したときに，周囲から「そんなの無理だよ」という批判が出ない確証はあるのでしょうか。「夢は何ですか」という問いは「好きな朝食のメニューは何ですか」といった質問にくらべると，はるかに答えにくい問いであることがわかります。

　「あなたの夢は何ですか」と問われ，前向きな気持ちで答えられない生徒にとっては，この授業は本音を隠し，建前でやりすごす時間になってしまうのではないでしょうか。結局「夢について何か言えばいいんだな」という表面的な思考へと追い込むことになってしまいます。

　そして続く偉人の話。偉人は日常の生活からは遠い存在であり，その行動も生徒の周囲の人とくらべるとかけ離れたものです。そしてこの場合は夢をあきらめずにかなえた偉人が紹介されることでしょう。片腕でメジャーリー

ガーになったピート・グレイやフライドチキンの飛び込み営業で1009回断られてもあきらめなかったカーネル・サンダースなど，尊敬すべき人物は確かにたくさんいます。しかしその話にふれ，「よし，自分も頑張ろう」と思えるのは，自己有用感の種がしっかりとまかれ，育まれている生徒に限られるのではないでしょうか。そうでない生徒にとっては，「すごい人もいる」という他人事の感覚しかもてないかもしれません。

　感想を交流すれば，「夢をあきらめずにかなえた○○はすごいと思った」という感想に終始するでしょう。

　そして最後に「○○から学んだことは何ですか」と問われれば，「あきらめなければ夢はかなうということを知りました。自分もすぐにあきらめてしまうところがあるので，夢に向かって努力したいと思います」と書くことでしょう。

　似たり寄ったりの多くの感想を目にしながら，教師は「あきらめないことの大切さに迫ることができたな」と一人悦に入るのです。その実，生徒はあきらめないことの大切さに迫ってなどいません。価値に迫っているのではなく，価値に関する答えを言うように追い込まれているだけなのです。

② 心に届く授業の流れ

　授業Aを改善し，生徒の心に届けるためにはどうしたらよいでしょうか。本節では，**本音思考，他人事思考，話し合い，自分思考，余韻**の５つの視点で考えてみたいと思います。

1　本音思考

　授業の導入は，その授業の第一印象を決めます。「ああ，つまらなそう」とか「なんだか面白そう」といった印象の違いは，そのまま授業への意欲につながります。その導入について大切なことは，本音を出せることだと思います。本音と本音が交流するからこそ，面白い授業になっていきます。建前

と建前が交流しても，表面的なものしか生まれません。最初の発問は本音で答えを言っても大丈夫なものにします。

そこで「あなたの夢は何ですか」という問いではなく，「夢なんてかなうのは，一握りの限られた人だと思ったことはありせんか」と最初に問うてみてはどうでしょう。さらに「そう思った理由を交流してみましょう」と言えば，生徒は遠慮なく本音で語り合うことでしょう。これはある種のカタルシスをもたらし，自分の中にある，思い通りにならない苛立ちなどを意識の表面に浮き上がらせるかもしれません。この苛立ちが生徒自身の問題意識につながります。

2　他人事思考

ここで多くの教師が「あきらめなければ夢はかなうかもしれません」と偉人の話につなげたくなります。しかし，前向きな気持ちになれない生徒は，偉人の素晴らしさを見つめようとはなりません。やっかみや嫉妬で，偉人のあらを探そうとするかもしれません。人は素晴らしくなりたいという願望をもつ反面，それが無理だと思えば，素晴らしい相手を引き下げようとする心理が働くからです。

そういった生徒が偉人の話を聞いた後に，批判的なことを口にすると，周囲は「空気を読めよ」とか「だからダメなんだ」といった非難を口にするでしょう。そこできれいごとしか言えない雰囲気が出来上がってしまいます。

とにかくあきらめないことといった発言や精神論しか言えない空気が生まれることは避けなければなりません。

この段階で自分自身に関連づけた問いは早いような気がします。まだ生徒の中で変容がないからです。ではどんな問いがあるでしょうか。

「夢がかなわない人に共通していることは何でしょう」

この問いであれば，客観的に分析しようという思考が働き，嫉妬や妬みといった感情に流れにくくなるでしょう。

「多くの人の夢はかなわないのかもしれません。でも全ての人の夢がかな

わないわけでもありません。では，今から紹介する人物の多くの人と違っている点と共通点を探してみましょう」

　こう言えば，夢をかなえるのは無理，無理ではないといった二分割思考に陥らず，客観的に，その偉人を見つめることができるのではないでしょうか。また多くの人との共通点を探すことで，どこか遠くの人ではなく，自分とも共通点がある身近な存在として感じられるかもしれません。このときに複数の人物を紹介すればより多角的に考えることができるでしょう。

　自分を客観的に見つめることは難しいものです。見つめたくない自分自身の一面もあります。一旦他の人のことでしっかりと検討させておけば，あとで自分自身を振り返る大きな材料となります。

3　話し合い

　その後の展開としては，次のようなものはいかがでしょうか。

　資料を読んで感じた優れている点と共通点をもとに，夢をかなえる秘訣3か条をグループで話し合ってつくり，発表するという活動です。そうすると，自分の気持ちを相手に伝え，他の人の考えを知ることによって，新たな視点を得られるチャンスが生まれます。また人には自分の考えを聞いてもらいたいという欲求もあります。

　話し合いは道徳授業では非常に効果的です。人の考えを知り，自分の考えを伝え，そのことで自然に考えの変容がもたらされることが多いからです。

4　自分思考

　話し合いで終わってしまっては，評論家を育てているだけになってしまいます。自分事として考えさせるために，自分自身についての考えを言語化させていきます。

　次頁のような「えんぴつ対談」のワークシートを配り記入させます。

〔ワークシート〕

　偉人の〇〇さんが，あなたの夢をかなえるためのコーチをしてくれることになりました。〇〇さんはあなたとどんな会話をするでしょうか。続きを書きましょう。

- -

自分　なかなか夢なんてかなえられそうにないような気がするんですけど。

偉人　そうだね。努力や工夫が必要だよね。

自分　今の自分にできることって何かありますか。

偉人

自分

偉人

　こういった展開であれば，安易に「あきらめないことが大切」で終わらずに，自分自身を振り返ることができるのではないでしょうか。

　また，発問をした際に，生徒の中に「え？」とか「ん？」といった驚きや疑問が生まれるようにすることも大切です。その驚きや疑問は，思考停止したままの表面的な思考では答えられない問いであることを意味するからです。

5　余韻

　教科の授業でモヤモヤして終わったら，あまり良い授業とは言えないかもしれません。しかし道徳授業では，スッキリと終わることが最良のものとは限りません。むしろそこから生まれる問いこそが，道徳的心情や道徳的実践力へとつながっていくのではないでしょうか。

　授業の終わりに，「感想を書きましょう」の代わりに，次のように投げかけるのはどうでしょうか。

●今のあなたが，誰かと分かち合いたい気持ちはどんなものですか。

●今の自分がもつ，１年前の自分にはなかった考えには，どんなものが
ありますか。そして１年後には，どんな考えをもっていたいですか。

●「今日の授業でこう思ったんだよね」に続く形で友達に話すとすれば，
どんなことを語りますか。

●この授業の内容を家族に伝えるとしたらどう伝えますか。

感想を書いて終わりという意識ではなく，そこから何かをスタートさせる
という意識が大切です。

3 WHAT，WHY の注意点

これは何？　それはどうして？

人は生まれてから数えきれないほど，問い続けてきたのではないでしょう
か。何？なぜ？の問いも道徳の授業では数多くされているはずです。しかし，
そのシンプルな問いに付随するものに注意を払う必要があります。

●教師とは何ですか？

私たちが突然そんな質問をされても返答に困ってしまいます。「なぜ教師
になろうと思いましたか」という WHY には答えられても WHAT は答えに
くいものです。反射的に答えるか，考え込んで答えに窮するかのどちらかに
なってしまいます。そもそも，それを聞く相手が誰かによっても答えは変わ
ります。

●勇気とは何ですか？

こんな発問を，いじめをテーマとした道徳授業のメインの発問にすると，
それは「勇気を持っていじめを止めよう」という答えが求められているのだ
なというメッセージを暗に伝えることになってしまいます。答えにくい
WHAT は，なぜそれを聞くのかという WHY に思考が流れてしまいやすい

からです。

　勇気とは何ですかといった発問は，授業の導入であれば，十分な回答が得られなくても，この授業の方向性を指し示すことができます。終末であれば，授業で学んだことを自由に表現することができます。しかし主発問にするには，抽象度が高いと言えるでしょう。

●なぜですか？

　これは，最も人の核心に迫る質問と言ってもよいでしょう。

　なぜなぜ分析というものがあります。これはなぜを繰り返し，本当の原因を探るというものです。基本的にはなぜを５回繰り返していきます。

　遅刻した生徒を叱る前にこれを実践するとどうなるでしょう。

・なぜ遅刻したのか？→寝坊したから

・なぜ寝坊したのか？→夜更かしをしたから

・なぜ夜更かしをしたのか？→眠れなくてスマホを見ていたから

・なぜ眠れなかったのか？→一人で悩んでいることがあるから

・なぜ一人で悩んでいるのか？→誰も相談相手がいないから

　こうなると生徒を叱る前に，教師は自分自身の至らなさに気づかされます。

　なぜと問うことは，これほどまでに力があるのです。反面この手法は人を追い詰めたり，しつこく感じさせたりするという危険性もあります。

　あなたが現在なりたい状態があるとして，そうならないのはなぜですか？と聞かれるとどう感じるでしょうか。個人の内面にあるネガティブな事象について理由を聞かれると責められたように感じます。そしてそれに対する返答は，人間の弱さとでも言うべきものに結びつきます。そして，それは簡単に克服できるものでもありません。

　もちろん，問い返しのために，どうしてそう思いますかと聞くことは，考えを深めることにつながります。これは「軽いWHY」とでも言うべきものでしょう。

しかし WHY は，相手のことが理解できないとか相手を責めるといった
ニュアンスを感じさせやすいものです。「重いWHY」です。これは，しっ
かりと自分自身を振り返る心の状態を整えさせてから聞くことが望ましいと
言えるでしょう。準備ができていないと不快な感情を避けるために，本音を
隠したり，ごまかしたりといったことにつながります。

 ## ポジティブさ，ネガティブさを引き出す発問

　発問によって引き出される生徒の心情には，ポジティブなものとネガティ
ブなものがあります。

　ポジティブなものを引き出す発問とは，「今まで頑張ってきたことは何で
すか」「今まで頑張ってこられたのはなぜでしょう」「これから頑張りたいこ
とは何ですか」といったものです。こういった発問であれば，生徒の内面の
明るい面，前向きな面を引き出します。しかしながら表面的で，生徒の良い
点の確認といった感じがします。そこに心が揺さぶられることもないでしょ
う。

　反対に「今までやれなかったことは何ですか」「それがやれなかったのは
なぜですか」「これから実行するための障害となるものは何ですか」といっ
たネガティブな発問をされるとどうでしょうか。なんだか説教されているよ
うな嫌な気持ちになります。全否定されたような気にさえなります。この発
問から得られるネガティブなものを受け入れようとせず，否定したくなるの
が人間というものです。

　発問にはポジティブなものとネガティブなものの両方を適度に入れること
が大切です。

> **ポジ** 頑張ってきたことで笑顔になれた瞬間はありますか。
> **ポジ** あなたの頑張りで一緒に笑顔になれたのは誰ですか。
> **ネガ** 笑顔がなく困っている様子の人に，何もできなかったことはあり

ますか。

　ネガティブさを引き出す発問は，人間の弱さに向き合わせることができます。笑顔がなく困っている様子の人に，「何かあったの？」と聞くのは道徳的な行為です。しかし，自分自身に自信がなかったり，話しかける勇気がなかったりということが原因で何もできないこともあるでしょう。それは自分自身のもつ弱さです。それを見つめた上で最後はポジティブな発問で行動につなげたいものです。

　ちなみに上の発問のポジティブ，ネガティブを反転させるとどうなるでしょう。

ネガ 頑張ったけれど笑顔になれなかったことはありますか。
ネガ あなたの笑顔の陰で泣いていたのは誰ですか。
ポジ 笑顔のない人にやさしく声をかけたことはありますか。
ネガ 普段のあなたが，それができないのはなぜですか。

　内容はそう変わらなくても，ずいぶん授業の印象は変わります。なんだか説教をされているような授業，あるいは闇の中，手探りで光を探すような，そんな授業になるかもしれません。

　いつもポジティブなことしか問わない授業は，お子様ランチのような軽いものになります。反対にネガティブなことしか問わない授業は，重すぎて道徳授業に対するアレルギーを生むかもしれません。

　そもそも人の感情にはポジティブなものもネガティブなものもあります。それは本来良いも悪いもありません。安直に，とにかくポジティブなものにしようとか，ネガティブな問いはやめておこうではなく，それを問う先に何が生まれるかを考える必要があります。

5 IF の発問

　友情がテーマの映画や小説があったとします。登場人物に「ああ，友情って大切だなぁ」と語らせてしまっては陳腐な失敗作です。登場人物が友情を一言も口にしないけれど，映画館を出たとき，ページを閉じたときに，しみじみと「ああ，友情って大切だなぁ」と思わせるのが良い作品です。

　そのために映画監督や小説家は，どのような工夫をしているのでしょう。彼らは友情の大切さを訴えたいのなら，あえて友情のない世界を描きます。そうすることによって「ああ，友情があればなぁ」と思わせることができるのです。

　これを道徳授業にあてはめるとどうなるでしょう。授業Aと授業Bとで比べてみましょう。

【授業A】

①最初に「友情」とテーマを板書する。

②友情とはどんなものですかと発問する。

③友情がテーマの読み物を読む。

④人と人との間には何が大切ですかと発問する。

⑤これからどんなことを意識して生活していきますかと発問する。

　これは最後に授業者が「ああ，友情って大切ですね」と思わず言いたくなります。

【授業B】

①これまでの学校生活で困ったことを3つ書かせる。

②次の文章を読む。

　「私のクラス」

　私のクラスは落ち着きのある良いクラスだ。

私のクラスの授業時間はとても静かだ。「この問題がわかる人？」と先生が聞いても誰も答えない。先生もそう聞くこともなくなった。授業時間は淡々と過ぎていく。誰かのお腹がぐうと鳴ったときも，誰も一言も言わず笑い声も起きなかった。みんな死んだような眼をしている。

　休み時間はさらに静かである。トイレに行く人以外は自分の席で会話もせずにぼんやりしている。誰かが物を落としても拾ってあげようとする人はいない。放課後になると我先にと教室を飛び出していく。

　もちろん学校行事でクラス対抗の場面があっても誰も協力しようとはしない。結局面倒な役割は抽選で決める。だからトラブルも起きない。

　私のクラスは落ち着きのある良いクラスだ。

③次の発問をする。

●もしも，あなたがこのクラスの一員で，困った場面に出会ったらどうなるでしょう。

●もしも，このクラスにスーパー転校生が来て，クラスの様子をすっかりと変えてしまうとしたら，どんなことをするでしょう。

　これを紙に書かせた後，グループごとに自分の考えたスーパー転校生自慢をする。

④そして最後にこう発問する。

●もしも，スーパー転校生が今のあなたの生活を見たら，どんなことを□にするでしょう。

　この展開だと押しつけられた感じもせずに，自らを振り返ることができます。授業者が言わないことで一層伝わることもあるのです。大切なことはストレートに言わないで，もしもクラスになかったらという変化球は効果的です。

6 順位づけの発問

　いじめ予防をテーマにした授業の場合，「された子はどんな気持ちでしょうか」という発問がよくあります。被害者の立場に立って考えさせるには必要な発問です。しかし，いじめ予防授業が毎年繰り返されるうちに，「またか」と思い，次第に本気で考えなくなる可能性があります。反射的に，「嫌だ」「つらい」「やめてほしい」「悲しい」「腹が立つ」といった答えを口にするかもしれません。

　そこで次のような展開はどうでしょうか。

●Aさんが，Bさんにクラスで悪口を言われ，仲間外れにされました。
　Aさんは家の人には黙っていましたが，帰宅したときに元気がないことや学校に行きたがらない様子を見て，Aさんの親はAさんに問いただし，事実を知りました。
　Aさんにとって，よりつらいのはどちらでしょう。相手を許すのに必要な時間の長い順に数字を入れましょう。

	普段仲良くしている	普段かかわりが少ない
悪口を言いふらされた		
持ち物を壊された		

　この順番に正解はありません。どれもつらいことですが，どちらがつらいだろう，と相手の立場になって考えることに意味があります。他にも次のようなものなどいろいろなパターンで考えさせることができます。

	すぐに事実を認めた	すぐに事実を認めなかった
すぐに謝罪をした		
相手の非を責めた		

	陰口を言われた	直接悪口を言われた
すぐに謝罪をした		
相手の非を責めた		

　こういった授業は，いじめの事実があってから行っても，自己弁護という
バイアスがかかってしまいます。いじめが起きてから考えさせるのではなく，
あらかじめ考えておくと，適切な行為をとりやすくなるでしょう。

⑦　Aを引き出したいならBを問え―「手品師」から―

　『AさせたいならBと言え―心を動かす言葉の原則―』（明治図書）という
岩下修先生の名著があります。この本は1988年に出版されたロングセラーで
あり，教師の必読書です。「もっとしっかり洗いなさい」ではなく「ゴシゴ
シ洗う音が聞こえてくるように洗いなさい」のように，させたいことを直接
言わないことの大切さが説かれています。

　この本に倣えば，発問も「Aを引き出したいならBを問うべき」なのです。
思いやりにあふれたエピソードを紹介し，「何が大切ですか」「思いやりで
す」といった展開では，生徒の思考を促すことはできません。

　「手品師」という教材があります。いつか大劇場に出ることを夢見ていた，
売れない手品師がいました。ある日，彼は公園で寂しい思いをしている男の
子に手品を見せ喜ばれます。明日も来ることを約束した手品師のもとに，友
人から大劇場へのピンチヒッターとしての出演依頼が舞い込みます。手品師
は男の子との約束を守るために，友人の依頼を断ります。

　この教材で，大劇場への誘いを断り，一人の男の子のもとに行った手品師
の行動に対し「どうして手品師は男の子のところに行ったのでしょう」では，
Aを引き出すためにAを問っているようなものです。

　ここで次のような問いを出せばどうでしょうか。

●時を超えて見通すことができる望遠鏡があるとします。

・少年時代の手品師が，大劇場の誘いを断った自分の姿を見ると何と言うでしょう。

・人生最後の日の手品師が，大劇場の誘いを断った自分の姿を見ると何と言うでしょう。

●手品師が大切にしていることは何でしょう。

少年時代の手品師なら「大劇場に行って出世を目指してほしい」と思うかもしれません。人生最後の日の手品師なら「それでいいんだよ」と自分の姿を誇りに思うかもしれません。

この問いによって，同じ人間でも思うことが変わることに気づき，きれいごととしてとらえていた手品師の行為の意味をより深く理解できるかもしれません。

8 ９合目理論—「二通の手紙」から—

短編小説の名手である阿刀田高さんは，小説づくりを山登りにたとえて，９合目までは書き手が導くけれど，頂上は読み手に委ねるといった趣旨の発言をしています。

この９合目理論は道徳の授業づくりにおいても大切な観点です。頂上までわき目もふらずに登らせることを目指す授業は，価値の押しつけ以外の何物でもありません。

「二通の手紙」という教材で考えてみましょう。

「二通の手紙」は，動物園の入園係をしていた元さんが，入園時刻と小学生以下は保護者同伴という規則をやぶり，幼い姉弟を動物園に入れるという話です。その結果，姉弟の母親からは感謝の手紙を，動物園からは処分の通知を受け取り，動物園を去るというものです。元さんの顔見知りの小学生の

姉の「誕生日の弟にキリンを見せたい」という願いをかなえるための行動でした。

この教材は順法精神を題材としたものであり，山登りにたとえると，「いろいろあるけれどきまりを守ることは大切だ」といった頂上に登らせなければなりません。

途中で案内人が目を離せば，「余計な親切で自分が損することもある」といった結論に行く生徒がいないとも限りません。そもそも，この教材は，きまりか思いやりかといった二者択一の要素をもち，きまりの大切さをつかませれば，思いやりを手放さざるを得ないという構造です。

きまりか思いやりかという分かれ道で，きまりを選ばせ頂上に登らざるを得ないという展開の授業も目にします。「姉弟がかわいそう」「でもこんなことになっちゃったんだよ」「じゃあ仕方ないか」といった展開の授業には首をかしげざるを得ません。

授業者は９合目までしか導かないことを前提にすれば，こんな発問ができるのではないでしょうか。

● このときの姉弟が，この動物園に就職することになりました。そこでかつて勤めていた元さんが動物園を去ったいきさつを聞きます。「入園時間と閉園時間」「小学生以下は保護者同伴」のきまりを見直すことにしました。どのようなきまりをつくればみんなが納得できますか。

こう投げかけて吟味させれば，「入園時間は閉園時間の30分前」「小学生以下は保護者同伴」というきまりが合理的であることも理解できます。でも元さんのような人を出したくもありません。かといって予算なども限られています。

この状況で思考したことが，どこにたどりつくのかは，人それぞれでしょう。でも少なくともきまりの必要性については深く感じるでしょうし，はなから思いやりを否定する方向に思考が向くこともないでしょう。

このことを個人で考えさせた後にグループで話し合わせます。その結果，きまりを変えないというグループもあるでしょう。誕生日のときだけのスペシャルプランを考えるグループもあるかもしれません。大人が考えつかないような名案が出るかもしれません。

　押しつけにならないようにするために，道徳授業における９合目理論は大切なことだと思います。

⑨　葛藤の意味を感じさせる—「ロレンゾの友達」から—

　授業をつくる上で生徒に考え葛藤させる場面をつくることは大切です。しかし，最初から葛藤させることがねらいの教材に対しては，安直な意見を出し，それで終わらせてしまうという思考の生徒がいることも事実です。とことん考えることを面倒くさがり，嫌うのは日本の子どもの特徴かもしれません。

　正しく葛藤させることが難しい場合は，葛藤のある場面と葛藤すら存在しない世界を比較させることも効果的です。すると葛藤に意味を見出しやすくなるからです。

　「ロレンゾの友達」という教材で考えてみましょう。

　「ロレンゾの友達」は次のような話です。アンドレ，サバイユ，ニコライのもとに20年ぶりに旧友ロレンゾが帰郷するという手紙が届きます。しかしロレンゾは横領の罪を犯して逃亡しているらしいという話も耳に入ります。３人は悩みます。アンドレは黙ってお金を持たせて逃がす。サバイユは自首を勧め，従わないときは逃がす。ニコライは自首を勧め，納得しなければ警察に知らせるという立場です。結局横領の話は全くの嘘だとわかりますが，３人は葛藤していたことはロレンゾには伏せておきます。

　この教材では友達を信じるか，信じないか。もし悪事をおかしていた場合に逃がすのか，自首を勧めるのか。といった葛藤を経験させることができます。しかし友達を信じて，黙って逃がすという立場を選んだ生徒の意見を教

室ではそのままにしづらい部分もあるでしょう。葛藤させつつも緩やかな正解があるタイプの教材です。

　そこで「ロレンゾの友達」に続けて次の文章を読みます。

....

「フレディも友達」

ブライアン，ジョン，ロジャー，わがなつかしき友よ。20年ぶりの再会を楽しみにしている。いとしき故郷は変わらずにあるだろうか。明後日の18日の夕刻到着予定。20年後の今も，私を友としてむかえてくれることを確信している。あの思い出の村外れのかしの木の下で。
　　故郷での幼き日々を共に過ごした友へ　　　　　　　　　　フレディより

「どうする」

「どうするって。その話は本当のことなのかい」

「まちがいない。3日前，町の酒場に刑事がやって来て，フレディという男について聞いていた。働いていた会社の金を持ち逃げしたらしいんだ。ここに立ち寄ったら知らせてほしい。確かにそう言ってたよ」

「あいつ警察に追われていたのか」

「20年ぶりに来るなんておかしいと思ったよ」

「そう思いたくはないけど，刑事が言っていたのなら確かだな」

「あいつがそんなことするなんて。人間ってわからないものだなぁ」

「村外れのかしの木の下で会いたいなんて。助けてほしいってことだろうね」

「しかし，彼が会いに来たらどうしたらいいだろう」

＊

　約束の日，3人はまだ日が高いころから，約束のかしの木の下に集まり，フレディが来るのを待った。いつしか日はかたむき，かしの木と3人のかげが長くのび始めたが，フレディは現れなかった。

「おそいなぁ。もしかして途中でつかまったんだろうか」

「そのほうがいいのかもしれない。こんな状態では会いたくないからな」

　3人とも複雑な思いにとらわれ，しだいに口数が減ってきた。重苦しい雰囲気を破るかのように，ブライアンが言った。

「もうおそいし，帰ろうか。来るとすれば，だれかの家だろうから。でも，もし夜中に訪ねてきたらどうしよう」

　しばらく沈黙があった後，ジョンが口を開いた。

「ぼくはフレディに自首をすすめる。だけど本人が納得しない場合は，そのまま取り押さえようと思う」

　ロジャーは，苦しい表情で思いつめたように話し始めた。

「ぼくもフレディに自首をすすめる。ダメだったときのために，警察に待機していてもらう」

　ブライアンがさえぎるように言う。

「そんなことができるものか。それより3人がかりでいきなりつかまえれば，ぼくたちはヒーローになれるだろう」

　ジョンとロジャーは，驚いたように言った。

「話も聞かずにつかまえるなんて，さすがに心苦しいよ」

「ブライアンの言うことはわかるよ。だけど，ぼくにはできない。ピストルを持っているかもしれないだろう」

　3人はだまり込んだまま家路についた。

　結局その夜，フレディはだれのところにも来なかった。3人の友は，それぞれ眠れないまま夜を明かした。

＊

　翌朝，3人は町の警察署から，すぐに来てくれるようにという連絡を受けた。3人は，それぞれ興奮した顔で警察署にやって来た。

「君たちに，ぜひ私の立ち合いのもとで話をしたいという人がいるので，来てもらったんだが──」

　応対に出た署長が言った。やがて，部屋のおくから1人の男が現れた。

「フレディ！」

３人はいっせいに声を上げた。

「昨日はすまなかった。となりの町まで来たとき，刑事がいきなりぼくをここに連れてきたものだから，連絡がつけられなかったんだ」

「私たちの手ちがいで，たいへんごめいわくをかけてしまって」

　署長は深々と頭を下げた。

「まちがいだったんだね！」

「人ちがいだよ。ぼくは無実だよ」

　ブライアンは，ほおをゆるめながらフレディの肩に手をかけた。

「よかった，よかった。君は絶対にそんなことはしないと思っていたよ」

「少しは，心配もしたけどさ」

　４人は大笑いしながら，あらんかぎりの力でだきしめ合った。

＊

　その夜，４人は再会を祝って町の酒場へと向かった。思い出話はつきることがなかった。しかし，あのかしの木の下で話し合ったことは，３人とも口にしなかった。酒場を出た後，フレディは本当は罪をおかして帰ってきたのではないか，と３人は改めて考え始めた。

・・・

　読後に次の発問をします。

- ●ロレンゾの友達とフレディの友達，違いは何でしょう。
- ●あなたがカンニングをしたらしいという噂が立ったとします。ブライアン，ジョン，ロジャー，彼らがあなたの友人ならどう思い，行動しますか。
- ●あなたがカンニングをしたらしいという噂が立ったとします。あなたの周りの友人ならどう思い，行動しますか。
- ●あなたは友人にとってどんな存在でありたいですか。

　この流れで，友情，信頼について考えさせることは可能です。

10 1点を見つめさせる─「青の洞門」から─

　あまりにもテーマが明確で，しかも長文という教材があります。「ああ，そうなんですね」としか言えないような内容で，他の教材と組み合わせようとしても授業時間が足りなくなります。そんなときは，読み物教材のどこか1点にこだわらせるのも一つの方法です。

　「青の洞門」という教材で考えてみましょう。

　実之助は父の仇である了海を長年探し続けていました。しかし探し出した了海は実之助の父を殺した罪を償うために，一人で洞門を掘り続けていたのです。これまで多くの人が命を落としてきた難所に洞門が完成すれば，たくさんの命を救えます。そんな了海を実之助はすぐに仇を討つことはできず，洞門の完成後に仇討ちをすることにします。了海と共に岸壁を掘り続け1年6か月目，洞門は貫通します。しかし実之助は仇を討とうとはせず了海と手を取り合って涙を流します。

　あまりにも壮大であり，生徒の身近にある話でもありません。実之助の心情を問いながら，美しい心に迫るというのが一般的な扱い方であろうと思います。

　ここでは「手を握る，握りしめる」という行為を見つめながら教材を考えていきましょう。

　導入では，こんな発問をします。

●あなたが手を握る，握りしめるという行為をしたのは，どんなときですか。

　実際に手を握らせて時間をとって考え思い浮かぶものを書かせます。

　ガッツポーズやハラハラする場面，握手をする場面，我慢している場面，道具を握るなど様々な場面が出てきます。ひょっとすると人を殴るときなどと答える生徒もいるかもしれません。いずれにせよ手を握るという行為は能動的であり，何か対象に向けての強い思いが感じられます。

　次に教材全文を読んだ後に，こう発問します。

●実之助は人生の中で何度も手を握る，握りしめる場面があったことでしょ

う。それはどんな場面ですか。

少し個人で考えさせた後に，以下の場面を提示します。

・父を殺された悔しさで手を握りしめる。

・なかなか了海を見つけられない悔しさで手を握りしめる。

・了海を見つけたときに，喜びでガッツポーズのように手を握る。

・仇討ちをするぞと気合を入れて手を握る。

・早く仇討ちをするためにノミと鎚を握る。

・貫通させた了海の手を握る。

そして発問します。

●それぞれの手を握っている場面で実之助の心はどこに向かっていますか。

すると最後の場面のみ異質であることがわかります。そこで続けて発問します。

●仇討ちをしたいという燃えるような思いが，すっかり変わってしまったのは，そこにどんな大きなものがあるからですか。

了海の中にあるもの，実之助の中にあるもの，それは尊く生きたい，世のためにありたいという思いかもしれません。「手を握ってごらん。あなたのその手の中にも，目には見えないけれど尊く生きたいという思いがあるんだよ」と自らを振り返らせて授業を終えます。

11 思いつきを意見に育てる—「銀色のシャープペンシル」から—

○○について，自分の考えを周囲と交流してください。教師がそう指示を出し，活発な意見交流がなされていると，授業がうまくいっているなぁと感じるかもしれません。しかし，その発言の内容が思いつきレベルのことを言い合うだけだったらどうでしょう。それが授業の導入であれば仕方がないとしても，終末部分になっても，思いつきレベルの意見を交流していたとした

ら，その授業は成功したと言えるでしょうか。授業の中では，思いつきを思いつきで終わらせない工夫が必要です。

　思いつきの発言には，感情や気分に由来することや自分自身の体験に基づくものが多いことでしょう。それは生徒自身の現在地を示すものでもあり，無下に否定できるものでもありません。

　では，思いつきをどのように自分自身の意見へと育てていけばよいのでしょうか。

　思いつきは吟味，検討されることがなければ，いつまでたっても思いつきのままです。思いつきをしっかりとした意見に育てていくためには２つの対話が必要です。それは自分自身との対話と他者との対話です。

1　自分自身との対話

　「銀色のシャープペンシル」という教材で考えていくことにしましょう。「銀色のシャープペンシル」は次のような話です。

....

　ぼくは教室掃除の時間に，綿ぼこりや紙くずに混じって銀色のシャープペンシルが落ちているのに気づきます。自分のシャープペンシルをなくしたところだったので，ちょうどいいやと思ってぼくはポケットにしまいます。

　１週間ほどたって，理科の時間にぼくがそのシャープペンシルを取り出すと，卓也が「あれ，そのシャープ，ぼくのじゃ……」と言いかけます。すると健二が「お前，卓也のシャープとったのか」と大きな声ではやしたてます。ぼくは「これは自分で買ったんだ。変なこと言うなよ」と健二をにらみます。授業後にぼくはこっそりと卓也のロッカーにシャープペンシルをつっこみます。

　その日の夜，自宅に卓也から電話がかかってきます。「実はシャープ，ぼくのかんちがいだったんだ。君のこと疑っていたんだ。ごめん」と卓也は謝ります。「う，うん」と言うとぼくはすぐに電話を切ります。ぼくは真っ赤になって家を出て，あてもなく歩きます。自分のずるさと向き合ったぼくは，

やがてゆっくりと向きを変え，卓也の家に向かって歩き出します。

....

　この教材では次の2つの行動がポイントになります。

　A　落ちていたシャープペンシルを自分のものにし，指摘されてもごまかす。
　B　正直に言おうと卓也の家に向かう。

　自分自身との対話を促す発問とその返答例を示してみましょう。
●Aという行動をしたのはなぜでしょう。
　「自分がしたことを知られたくなかったから」
●それはどうしてでしょう。
　「自分を守りたかったから」
●Aという行動の後，どのような気持ちになりますか。
　「やらなければよかったなぁという気持ち」
●それはどうしてでしょう。
　「罪悪感をもってしまうから」
●Bという行動をしたのはなぜでしょう。
　「このままではズルいと思うから」
●Bという行動の後，どのような気持ちになりますか。
　「スッキリとした気持ち」

　ここではあえて聞いていませんが，自分ならどうするかを問えば，Aについてはダメなことだけど，自分もごまかすかもしれない。Bについては，そうするべきだと思うけれど自分ができるかどうかはわからない。きっとそんな答えが返ってくるでしょう。大多数の人は本音ではそう考えるはずです。ましてや授業の最初であれば深く考えない思いつきレベルなので，その答えは当然です。

　問題なのは，授業後にもその考えに何ら加わることがないことや，きれい

ごとや建前で変えてしまうことです。

2　他者との対話

　自問自答を繰り返しても，基本的には考えが大きく変化することはないでしょう。そこで他者との対話をしてみることにします。小グループをつくって，お互いに次のことを聞き合います。答えは各自で考えます。

●友達に本当のことを言えず，後悔したことはありますか。

　「あります」

●言えなかったのは，どうなることを恐れたのですか。

　「友情が壊れること」

●それを恐れたのはどうしてでしょう。

　「友達との関係を大切に思っていたから」

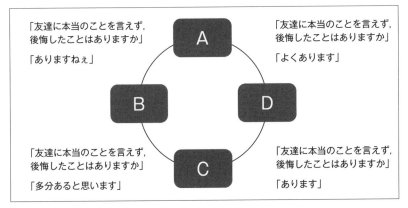

　上図のようにAがBに質問し，BがAに答え，BがCに質問し，CがBに答え，ということを順繰りに行っていきます。

　ここで次の発問をし，話し合わせます。

●みんなに共通しているのはどのような思いですか。

●どんな人間も弱さをもっています。思い通りの完璧な行動をとることや過ちのない人生を送ることはできません。そんな人間にとって大切なことは何ですか。

話し合いの後に，先ほどの順番（AがBに，BがCに……）で役割演技のように次のセリフを言います。それに対してのリアクションは各自で考えます。

・本当のことを言えなくて隠していてごめんなさい。

　「気にしなくていいよ。言ってくれてありがとう」

　ここまで来ると，本当のことを打ち明けても大丈夫かなという安心感が生まれてくると思います。それは級友の肉声で許してくれる言葉を耳にすることが大きいのだと思います。

　終末では次の発問をします。

●この文章はぼくが卓也の家に向かって歩き出す場面で終わっています。ひょっとすると家の前で立ち止まって，引き返してくるかもしれません。あなたの考えるこの話の続きを書きましょう。

　あるいは，終末の発問で自分ならどうしたいかを確認して授業を終えてもよいでしょう。自分の中にあるより良く生きたいという願いに気づかせたいものです。

●ぼくは健二に「お前，卓也のシャープとったのか」と言われ，とっさに自分を守ってしまいます。あなたなら同じような場面にあったらどうしたいですか。そのためには何が必要ですか。

12 価値に迫るために

　発問について種々述べてきました。発問とは，生徒が問いに向き合い，価値に迫っていくために教師が問いを発することです。問いに向き合うことは自分自身と向き合うことでもあり，自分自身の知らなかったことと向き合うことでもあり，他者と向き合うことでもあります。そして問いと向き合うためには，心の準備が必要です。心の準備というのは答えることを用意するということではありません。それは自分の見聞から，ふさわしい答えを思い起こすということに過ぎません。それはいくら時間を保障したとしても反射的

な答えや思いつきに過ぎません。そうではなく，その問いを考えるにふさわしい心持ちにさせることです。ひょっとすると授業の導入だけでなく，教材さえも心の準備のためのものに過ぎないのかもしれません。

　そして問いを発するに際して，生徒が答えられないことを恐れないことが大切です。授業中に答えが返ってこないことは授業者にとって，避けたいことの一つです。しかし，すぐに答えられることなら，所詮その程度の問いでしかないのです。

　教師は，体裁の整った綺麗な言葉としての答えを求めすぎているのではと感じることが，ままあります。むしろ，「ああ」「むむむ」「ううん」「ふうむ」「ほお」といった心の動きを先に体験させることのほうが大切です。何を問われているかわからず沈黙している場合を除けば，沈黙さえ必要なこともあるでしょう。その後に感嘆や沈黙を言語化させればよいのです。

　ここで価値に迫るために必要な条件を3つ提示したいと思います。

　1つ目は，最短距離で行こうとしないということです。目的地が山の向こうにある場合，トンネルがあればそこを進めば最短距離です。しかし窓からの景色は暗いトンネル内の壁ばかりです。それに対して山を登れば，苦労もありますが，そこでの景色を楽しむこともできます。別々なコースで行けば，経験の違いを語り合い，分かち合うこともできます。

　2つ目は，たどりついた価値は入り口に過ぎないということを知ることです。教師はその入り口を超え，さらにその奥を知っておく必要があります。その深さこそ生徒が価値に向かう求心力となるのです。生徒に教えるべき量や質と教師の知っている量や質がイコールであっては深い学びなど生まれません。真摯に教材研究に励む必要があります。

　そして生徒自身がたどりついた答えも，「今のあなたはそういう考えにたどりついたんだね」と認めつつ，絶対ではないことを感じさせる必要があります。そうでなければ，正義の授業で，正義の多様性に気づいた生徒が，「所詮正義といっても，絶対ではないからね」と思考停止に陥ることも考えられます。正義は多様であるけれど，追求し続けるものであるという気づき

を与えることが大切です。安易なゴールを示し考えを閉じる問いではなく，スタートを示し考えを開くような授業が求められます。

　3つ目は，主体的に取り組める授業であることです。授業そのものへの取り組みが主体的であるかにとどまらず，価値そのものに主体的に向き合う体験こそが必要です。授業の中で批判的な思考も必要です。しかし評論家をつくるのが目的ではありません。自分にとってのより良い生き方を考えさせることが大切です。

　社会の問題や矛盾を感じさせ，それでもなお「あなたはどう生きていこうと思うの？」という問いを恐れずにしたいものです。

カウンセリングの
機能を生かした
道徳授業

① カウンセリングの機能

価値に迫る授業，心に届く授業について考えてきましたが，本章ではカウンセリングの機能を踏まえながら，心に寄り添う授業について考えていきましょう。

心に寄り添う職業と聞くと，真っ先にカウンセラーを思い浮かべるのではないでしょうか。学校にもスクールカウンセラーが配置され，生徒にカウンセリングを行うこともあります。でもその様子を直接目にするのは難しいものです。

国分康孝氏は『カウンセリングの理論』（誠信書房）の中で，カウンセリングを次のように定義しています。

「カウンセリングとは，言語的および非言語的コミュニケーションを通して，相手の行動の変容を援助する人間関係である」

カウンセリングとは口先で相手のことを丸め込む技術でもなければ，ひたすら相槌をうつことでもありません。カウンセリングは人間関係を基盤としながら援助していくものです。

人間関係があるとどうなるのでしょう。

人間関係があれば，不安や構えがとれて本音を出しやすくなります。そして人間関係そのものが相手を癒したり，勇気づけたりすることにもつながります。

人間関係が教師と生徒にとって必要なのは言うまでもありません。さらに生徒同士にもそんな関係があれば，教育効果は計り知れません。

人間関係をもとに援助するカウンセリングの現場では，相手を大切にし関係を築く技法が種々あります。それらのもとにある思想を道徳授業に援用すれば，より心に届く授業が展開できるのではないでしょうか。

2 相手を大切にするということ

　カウンセリングには人間関係を大切にする姿勢，相手を大切な存在として
ふれあう姿勢があります。翻ってみると，「生徒の心を大切にしている」と
胸を張って言える教師はどれくらいいるでしょうか。「生徒を大切に思って
います」とは言えても，生徒の心にどれくらい気を配っているでしょう。

　授業には授業者の生徒に対する能動的な働きかけが存在します。その能動
性は，ときには生徒の心を傷つけてしまう可能性があります。なぜなら教師
と生徒は対等な関係ではないからです。言いたくないことを言いたくないで
済ませにくい関係なのです。

　教師は次のことが起こりうるのだと自覚する必要があります。

- ・読み物教材の内容に近いシチュエーションが学級に存在すれば，授業
　の際や授業後に該当生徒がからかわれてしまうこと。
- ・生徒自身が言いたくないことを無理に発表させてしまうこと。
- ・生徒の発表内容が他の生徒からのからかいにつながること。
- ・生徒の性格やキャラクターを一方的に決めつけてしまうこと。
- ・こんなふうにできたらいいねと言うことが，できないことを責めるこ
　とにつながること。
- ・たとえポジティブなものであっても，生徒自身が周囲に聞かれたくな
　いことを言ってしまうこと。
- ・教師が助言などを一方的に語り，生徒の力を引き出さないことで無力
　なままでいさせること。
- ・様々な価値観があるのに特定の価値しか認めないこと。
- ・身近な者の死を体験し，日が浅い生徒がいるのに授業で死を扱うこと。

　これらのことを見てくると，教師にはある種の受動性とでも言うべきもの
が必要であることに気づかされます。そもそもカウンセラーのもとを訪れる

クライアントとは違い，授業は教師の思いから出発するのです。教師は生徒の成長を促す職業です。変わってほしいという思いを抱くのは当然のことです。しかし，その変化を何が何でもその授業時間に見届けなければならないというものではありません。教師自身の「こう変わってほしい」という思いではなく，生徒は「どう変わりたい」もしくは「変わりたくない」と思っているのかを大切にすることが，心に寄り添う授業の第一歩になります。

③ ありのままを受け止める

　相談室に初めて訪れた生徒とカウンセラーの会話を想像してみてください。

　自己紹介の後に，どんな言葉が続くでしょうか？「この部屋寒くない？」と相手を気遣う言葉が出るかもしれません。「朝御飯食べた？」と答えやすい問いが出るかもしれません。

　なぜなら「あなたの夢は何ですか？」といきなり大きな問い，答えにくい問いをされても相手は困ってしまうからです。相手の状態を徐々に探りながら，無理なく答えられる問いをしていくでしょう。そして出てきた言葉を否定することはありません。なぜなら，否定されたとたんに相手は口を閉ざしてしまうからです。本人のありのままを否定しないことで，安心して本音を言える環境，関係を整えていくのです。

　教師自身の思いが強いと相手の状況に対し，それはおかしいよねという言葉も出るかもしれません。生徒の思いをジャッジすることなく，ありのままを受け止める必要があります。

　教師は生徒に「変わってほしい」と願い，生徒は教師に「わかってほしい」と願っています。周囲からわかってもらえない経験が続くと「わかるはずがない」という思いになりますが，生徒に限らず人は「わかってほしい」と願わずにはいられない存在です。

　道徳の授業で一方的に「こうすべきだよ」「こう変わりなさい」と伝えられても，「そうできない事情もわかってほしい」と生徒は思うでしょう。そ

う思わない生徒は，教師から「こう変わりなさい」と言われる前に，「こう変わりたい」と思っていた生徒です。

　ではどうすればよいのでしょうか。

　ペーシングという言葉があります。これは広く相手の状態に合わせることです。たとえば，つらいことがあって落ち込んでいる相手には，静かにおだやかな口調で話しかけます。励まそうとして元気いっぱいな口調で話しても，相手の気持ちとかけ離れて空回りしてしまうからです。悲しいときに悲しい曲を聴きたくなるものです。

　授業の導入部分は，生徒の現在地から出発することが大切です。必要なのは価値観のペーシングです。いきなり羽田空港から外国に行くような授業ではなく，生徒が札幌にいれば札幌から，熊本にいれば熊本から始めることです。

　授業の導入部分では，教師の「変わってほしい」という思いで，いきなり本題に入るのではなく，生徒の顔を思い浮かべ現在地を肯定的に受け止めながら始めることが大切です。

 本心を引き出し認める会話

　2つのやりとりを比べてみましょう。

【Aパターン】

教師　普段，朝は何時に起きているの。

生徒　7時半です。

教師　ずいぶん遅いなぁ。

生徒　寝るのが遅くなっちゃって。

教師　早く寝たらいいのに。夜何をしているの。

生徒　勉強とかしています。

教師　朝早く起きてやればいいよ。

生徒　そうですね。

教師　そうしなさい。

【Bパターン】

教師　普段，朝は何時に起きているの。

生徒　７時半です。

教師　７時半に起きているんだね。

生徒　ちょっと遅いんですけどね。

教師　遅いと思っているんだ。

生徒　夜勉強とかで遅いときもあるので。

教師　宿題もたくさん出るからなぁ。大変だねぇ。

生徒　早起きしてやればいいんですけどね。

教師　早起きしてやるという手もあるんだね。

生徒　今度試してみます。

教師　応援しているよ。

　Aパターンでは教師が言いたいことを言っているものの，生徒が実際に早起きをしようと思っているかは疑問です。Bパターンでは少なからず早起きをしようかと思っているはずです。実際の行動につながるかどうかは別ですが，その時点で早起きをしようと思っている気持ちに嘘はないわけです。もしBパターンで早起きができなかったときに，それを責めてしまうと，次からは，できそうにないことは口にしないでおこうと考え，実際の行動からはさらに遠ざかってしまいます。

　できた，できなかったという結果にとらわれるのではなく，そのときのその言葉は本心であり，そう思えたことを認めてあげることが大切です。そんな教師の姿勢は生徒を受け止めようという姿勢のある授業につながるはずです。

また授業中の生徒の発言に対して，「普段と全然違うなぁ」といった冷や
かしやからかいも避けたいものです。他の生徒が，その発言を真似してもよ
いととらえてしまうこともあります。すると本音の出にくい集団になってし
まいます。「そう思うんだね」と受け止めていくことが大切です。

5 結論は本人が出す

　第2章で9合目理論にふれました。9合目までは一緒に登るけれど頂上は
本人に登らせるという考えです。

　前節のAパターンは9合目どころか頂上まで教師が手を引っ張って登って
いる状態です。選択の余地もなく一本道です。パズルで言うと大人と子ども
が一緒にパズルをやっていて，最後のピースを大人がはめてしまうようなも
のです。そこに子どもの達成感，成就感はありません。

　実はBパターンでは会話のほとんどが繰り返しになっています。繰り返さ
れた自分の言葉に返すという作業は，結局自問自答していることと同じこと
です。そこで出された結論は，人から与えられたものではなく，自分で出し
たものです。

　やろうと思っていても，人に言われたとたんにやりたくなくなる。子ども
はそんな生き物です。人には自分で決めたいという欲求があるからです。

　授業者には，授業のゴール，生徒に味わわせたい気持ちは見えていること
でしょう。ですが，それを直接提示することなく，あたかも本人が自力でそ
こにたどりついたように感じさせることが大切です。授業の感想に「大切な
ことを教わりました」と書かれるとうれしいものですが，「大切なことに気
づきました」と書かれるような授業のほうが，道徳的実践力につながるので
す。

6 「わかってもらえた」は行動につながる

　先ほどの会話のＡパターンは，指導の場面ではよくあるものです。問題を指摘し，原因を探り，これからどうすべきかを教えるというパターンです。それに対しＢパターンでは，相手の言葉を繰り返し，ねぎらい，励ますという内容になっています。教師が仕事をした気になりやすいのはＡパターンですが，生徒が実際に動き出すのはＢパターンです。

　たとえば部活のレギュラーになれなくてつらい生徒がいたときに，「それは練習不足だ」と指摘されると，つらいという気持ちはどうなるのでしょうか。その気持ちが否定されてしまっては我慢することしかできません。でも存在が見えにくくなっただけで，つらさは残るのです。練習不足と指摘されたとたんに存在根拠を失っただけで，つらさはあるのです。「練習不足だから仕方がないだろう」と言ったところで，気持ちは陰に隠れただけでなくならないのです。

　そもそも練習不足であれば，レギュラーになれなくてつらいという気持ちを感じてはいけないのでしょうか。練習不足であろうが，なかろうが，もちろん軽重はあるでしょうが，つらいものはつらいのです。これを理解せずして「心情を養う」という行為は難しいのではないでしょうか。

　部活のレギュラーになれなくてつらい思いをしている生徒が誰かに気持ちを聴いてもらったとします。そして「それは，つらいね」と言ってもらえたとします。客観的に部活に何か影響を及ぼすわけではありません。しかし気持ちをわかってもらえたという経験は，一歩を踏み出そうとする気持ちや勇気につながるのです。

　ただし，道徳授業の中で教師が一人ひとりに対し，それをするのは難しいかもしれません。しかし生徒同士でならできるかもしれません。もちろんある程度の練習は必要でしょうが，自分の気持ちを伝え，わかってもらえたという体験を道徳授業の中ですることができれば，意欲に満ちた学級につながっていくでしょう。

また話を聞いてもらう体験だけでなく，相手の話を聞くことで，「ああ，この人はこんなふうに感じているんだ。自分だけじゃないんだな」とか「こういう見方もあるのか。自分も参考にしよう」といった考えにつながります。教師一人で教え込もうとしてもできないことが，生徒同士で話を聞き合うことでできる場合もあるのです。

7 自分事の前提

　アドラー心理学の中に「課題の分離」という考え方があります。「自分の課題」と「他者の課題」を分けて考えるということです。

　たとえばクラスで学級委員長に立候補したいという生徒がいるとします。でも周囲に「あいつ調子に乗ってるぜ」と思われたくなくて躊躇しているとします。立候補するかしないかが自分の課題です。周囲が調子に乗っていると思うかどうかは他者の課題です。自分の課題は自分でコントロールできますが，他者の課題は自分でコントロールすることができません。課題の分離を意識すると自分らしく生きることにつながります。他の人に干渉しすぎるということもなくなります。

　この考えをもつと次のような対応をすることができます。

　授業中にAさんが「通学路のゴミを拾いたい」と発言したとします。すかさずBさんが「でも，どうせすぐにゴミを捨てる人がいるから無駄だよ」と発言し，教室の雰囲気が悪くなったとします。そんなときに教師が次のように言ったらどうでしょう。

　「Aさんがゴミを拾いたいというのは自分自身の問題。誰かがゴミを捨てるのはその人の問題。他の人のことは自由にできないけれど，自分自身の行為は自分で決められる。Aさんはゴミを拾いたいという気持ちになったんだね。Bさんはすぐに捨てる人に対して腹が立つのかな。どうしたらいいと思う？」

　自分事として考えさせるには，どこまでが自分の課題なのかを前提として

もっておく必要があります。「課題の分離」を意識するだけで発問も変わってくるでしょう。

8 ジョハリの窓の視点をもつ

ジョハリの窓と呼ばれる自己分析法があります。これは心理学者のジョセフ・ルフトとハリ・インガムの2人の発表者の名前を組み合わせて，そう呼ばれています。

開放の窓……自分も他人もわかっている自分
盲点の窓……自分はわかっていないが，他人はわかっている自分
秘密の窓……自分はわかっているが，他人はわかっていない自分
未知の窓……自分も他人もわかっていない自分

これら4つのカテゴリーに分類するものです。

「自分は他人からはこう見えている」「自分には，こんな面もあるかもしれない」と認識することで開放の窓を広げていくことができます。

直接，ジョハリの窓を使ったワー

	自分は わかっている	自分は わかっていない
他人は わかっている	開放の窓	盲点の窓
他人は わかって いない	秘密の窓	未知の窓

クシートを用いる授業も可能ですが，こういった思考の枠組み，フレームをもつことで，授業者は生徒の様子を観察しやすくなるという面もあります。

生徒Aが生徒Bについて，こんな人だと発言したときに，生徒Bがそれを否定する場面があるとします。そんな場合，どちらが正しいかジャッジするのではなく，それが「盲点の窓」に属していることだと理解できるのです。

また「開放の窓」が大きい生徒は，自己開示が周囲にできていることにな

ります。自分をさらけ出すといった体験が少ない生徒は，「開放の窓」が小さくなります。あなたの「開放の窓」はどうなっていますかと問うことで，自分自身の周囲との接し方を振り返らせることができます。

さらに生徒に「未知の窓」を教えることで，自分にも他の人にも気づかれていない自分の可能性の存在に思いをめぐらせることもできます。それは教師にとっても同じです。この生徒の「未知の窓」には，どんなことがあるのだろうと可能性を信じる姿勢が，生徒を伸ばし育むことにつながっていくでしょう。

⑨ カウンセリングの機能を生かした授業の流れ

それでは授業の流れについて一つの型を提示してみましょう。

導入は軽い話題，誰もが答えられるような発問から入ります。緊張を解くという役目もあるので，誰か一人の答えだけでなく，数名の答えを発表させます。その過程で同じ意見である人は挙手する。あるいは全員起立していて，同じであれば着席していくといったやり方もあります。最初から全員が参加する意識をもたせます。

質問に対して，望ましい答えやそうでない答えもあるでしょう。授業が成立しない雰囲気になってしまうという場合を除いて，「そういう考えもあるよね」と意見をしっかりと受け止めます。このことによって，本音で話してもいいんだ。先生の望む答えを言わなくてもいいんだというメッセージを生徒に伝えていきます。

また問い返し等を行う際も，「～だけど，～はどうなの？」「～ですが，どうする？」といった，逆接の表現は避けます。「～ということもありますね。そういう場合についてはどう考える？」と相手の意見を否定しないで引き出す形をとります。

次に展開です。読み物資料などにふれた後，発問や活動に続くと思いますが，その時点で全員が同じ地点に立てているのかを確認する必要があります。

生徒によっては，文章の内容が読めていない場合があるからです。発問の際は，それを紙に書かせるのか，後で交流するのかということも明らかにします。場合によっては，「心の中で思い浮かべてください。誰にも言う必要はないので，自分の本当の心と向き合ってください」といった発問になることもあります。言いたくないことを無理に発表させられたという経験は，次から無難なことだけを書こうという姿勢につながってしまいます。少数意見にも配慮し，「日本では少ないけど外国ではそれが多数派だね」といったフォローの言葉も準備しておきたいものです。

　質問には開かれた質問と閉じた質問があります。開かれた質問は，自分自身の思いを自由に語ることができる質問です。閉じた質問は，イエス，ノーや答えが決まった形で答える質問です。

　発問も最初から開かれた発問だと答えることが難しくなります。かといって，閉じた発問だけでは，言いたいことを言えなかったという不完全燃焼な気持ちが残ります。授業の前半は閉じた発問，後半は開かれた発問と意識するとよいかもしれません。

　また考えを聞くだけでなく，感情を表出させるということも必要です。

　悲しみ，不安，寂しさ，怒り，落胆，劣等感……。

　喜び，感謝，感動，あこがれ，親近感，楽しさ……。

　感情に良いも悪いもありません。そのとき感じたものを率直に出させます。そして感情も一つとは限りません。我が子が巣立っていく親は，喜びと悲しみを感じることでしょう。できるだけ繊細に生徒の感情を受け止めましょう。そのためには「悲しみと喜びが混ざり合ったような気持ちかな？」と聞き直すと「いや，ちょっと違う」とか「そんな感じです」といった答えが返ってくるでしょう。そのことによって自分の感情に蓋をしたり，なかったことにするようなことをせず，自他の気持ちを扱える人になれるかもしれません。

　発問やワークシートに記入するなどの活動によって，自分自身の気持ちや考えに向き合った後は，可能な限り他の人と話す場面をつくります。カウンセリングは，話すこと自体に効果があると言えます。

共通しているときは，一緒だねと喜び，違っているときは，こんなふうに違うんだねと喜ぶ。自分を表現し相手に受け止めてもらえる。そんな活動が安心感や前向きな気持ちを生み出すのではないでしょうか。

　授業の流れについて述べてきましたが，終末には授業を受けての感想を共有できる時間を確保しておくことも大切です。

10 道徳教育に不足しているセルフ・コンパッション

　江戸時代の儒学者・佐藤一斎は「春風を以て人に接し，秋霜を以て自ら慎む」と述べました。人に優しく，自分に厳しくという精神は，日本人の考え方の根底に脈々と流れ続けているように思います。

　カウンセリングや教育相談といったものに対し，親和性をもたない人も少なからずいます。そういった人には，「甘やかしてはいけない」という考えがあるように思います。自分に厳しく，頑張れと追い立てる日本の風潮。日本の自殺者数の多さ（変死者数や失踪者数を考慮すると数倍はいると思われる）を鑑みても，頑張れと厳しくすることを教えるだけでは，人生を乗りきれないのも事実です。自分に厳しく，自分を甘やかさないという考えは自分自身の失敗をも許さない考えに至ります。その結果，失敗を恐れ挑戦しようとしない人間を多く生み出しました。

　昨今，セルフ・コンパッションという考えが注目を集めています。セルフ・コンパッションとは自分への思いやりと訳すことができます。困難に直面したときに，「自分はダメだ」と責めるのではなく，ありのままの自分を認め，受け入れ，感情のバランスをとる。そんな特性のことです。平たく言えば，自分を上手に甘えさせることです。

　道徳の内容項目に，克己や寛容，思いやりはあっても，直截，自分自身に優しくするという考えは見られません。しかし長い人生の中で，失敗にも不運にも見舞われないということはありません。それを乗りきる力は，自分に厳しくするより甘えさせるほうが大きいというのがセルフ・コンパッション

の考え方です。この視点をもてば，カウンセリング機能を道徳授業にもたせることの意義をより実感できるのではないでしょうか。

11 心を大切にした授業にするために

　道徳授業にはいろいろな形があります。受けてスッキリする授業もモヤモヤが残る授業も必要です。一人でじっくりと考え込む授業も，周囲と意見を交流する授業も必要です。

　カウンセリングの機能を生かした道徳授業を行えば，気持ちが整理されて，意欲的なものになるでしょう。そのために必要なことをあげていきます。

・自己開示しても否定されないこと。

・信頼できる人間関係があること。

・ありのままの感情が尊重されること。

・自己理解が深まること。

　一斉授業である道徳授業では，教師が生徒一人ひとりにカウンセラーのように個別で対応することはできません。生徒同士での活動に委ねるしかない部分です。ただし生徒同士が互いを尊重した対応ができるかどうかはわかりません。そこで教師が道徳授業において生徒の気持ちを大切にした授業づくりを心がけ，モデルになっていくことが大切です。そうすれば生徒同士の活動になっても，互いに尊重し合う雰囲気を醸成することができるのではないでしょうか。

　互いに尊重し合う雰囲気がなければ，それぞれが殻に閉じこもり自分を守ろうとするでしょう。心を大切にするからこそ，心に届く授業になるのです。

　それでは実際の授業を紹介していきましょう。

サボテンの心

🌱 使用する資料・教材

音源「サボテンの心」加藤登紀子（詞・曲：辻仁成）

ネット上で購入ダウンロードできます。

🌱 題材の価値

「サボテンの心」という歌があります。集団や社会の中でうまくとけ込めず壁をつくる生き方をサボテンで表しています。自分から集団に距離を置き孤立の中にいるとしても，自らの花を咲かせるような生き方をしたときに，人は一人ではなくなるということを訴えています。

自分は人とのコミュニケーションが苦手だと感じている生徒は多くいます。そこで孤独感に苛まれることもあるでしょう。人はそれぞれ別個で独自の存在です。孤独は人間には避けられないものなのかもしれません。砂漠の中に自分というサボテンがひとつあるという見方ではなく，そこかしこにサボテンがあって花を咲かせ合っているという見方ができれば，孤独で苦しむことも少なくなるのかもしれません。

　　砂漠のサボテン達よ　花を咲かせてごらん

　　きっと誰かがきみに　声を掛けてくる

こんなメッセージを自分に向けて書くことで，今より少しだけ勇気のもてる生き方を自然に受け入れることができるでしょう。

◢ 授業展開

> よくある面接の質問に
> 次のようなものがあります。
>
> 自分を○○にたとえると何ですか。

● よくある面接の質問に「自分を○○にたとえると何ですか」のようなものがあります。

> 自分を動物にたとえると
> 何ですか。

> 自分を植物にたとえると
> 何ですか。

● 自分を動物にたとえると何ですか。　自分を植物にたとえると何ですか。
〔生徒の反応〕犬，猫，たんぽぽ，ひまわり　等
　生徒の自己イメージを問うことで，自分自身を振り返ることをねらいとしています。

あなたにとって
教室は次のどれに近いですか。

動物園　遊園地　工場　農園
草原　砂漠　ジャングル
その他

●あなたにとって教室は次のどれに近いですか。

　動物園，遊園地，工場，農園，草原，砂漠，ジャングル，その他

　教室のイメージを問うことで，生徒がどのように教室で過ごしているかを振り返ることをねらいとしています。その他を選んだ場合でもレストランやステージなど具体的にイメージさせます。

あなたをたとえると
（　　　　）の（　　　　）
になるでしょうか。

　　例：（動物園）の（たんぽぽ）

●あなたをたとえると　（　　　　）の（　　　　）になるでしょうか。
〔生徒の反応〕遊園地のたんぽぽ，工場のナマケモノ　等

自己イメージと教室のイメージを組み合わせることで，より具体的な自己イメージを描くことができます。自己イメージは，動物と植物とがありますが，本人にとって，よりしっくりくるものを選ばせます。

●自分と同じ組み合わせの人は他にいそうですか。

　紙に書かせます。本来は自由に立ち歩かせ，同じ組み合わせがいなかったり，自分からうまく話しかけられなかったりとかすかな寂しさを感じさせたいところです。接触が難しい状況では，何名かの分を教師が読み上げ，同じ人に挙手させます。

　実際には自分と同じ組み合わせの人はほとんどいないことに気づきます。

展　開

自分は他の人と違う。

そんな寂しさを
感じたことはありますか。

●自分は他の人と違う。そんな寂しさを感じたことはありますか。

〔生徒の反応〕いつもそうです。等

●それでは「サボテンの心」という歌を聴きましょう。

サボテンの心　　　　　詞・曲 辻仁成
砂漠の街で生きてる僕達は
心に棘を生やしてる　サボテンの心
身を守るために　生やした棘のせいで

大切な人達を遠ざけてしまう
星が灯る空を見上げて　サボテンは今日もひとり
冷たい月の光に包まれて　明日を待ち続けてる
砂漠のサボテン達よ　花を咲かせてごらん
きっと誰かがきみに　声を掛けてくる

ヤマアラシのジレンマ：
寒さの中，２匹のヤマアラシが暖め合うために体を
寄せ合う。しかし近づきすぎるとお互いの体の針が
相手に刺さってしまう。でも離れると寒くなってし
まう。
ヤマアラシの気持ちはわかりますか。

● サボテンの棘のように針を持つ生き物がいます。ヤマアラシです。ヤマア
ラシのジレンマという話があります。

寒さの中，２匹のヤマアラシが暖め合うために体を寄せ合います。でも近
づきすぎるとお互いの体の針が相手に刺さってしまいます。かといって離
れると寒くなってしまうという話です。

ヤマアラシの気持ちはわかりますか。

ヤマアラシのように
あなたが持っている棘は
どういうものですか。

●ヤマアラシのようにあなたが持っている棘はどういうものですか。
〔生徒の反応〕すぐに人を否定するところがある。等

終　末

あなたの花が咲いているというのは
どういう状態ですか。

●歌の中に「砂漠のサボテン達よ　花を咲かせてごらん」とありました。あ
　なたの花が咲いているというのはどういう状態ですか。
〔生徒の反応〕毎日笑顔で暮らすこと。

```
自分自身の
（　　　）の（　　）に,
メッセージを書いてみましょう。
```

●「砂漠のサボテン達よ　花を咲かせてごらん　きっと誰かがきみに　声を
掛けてくる」のように，授業の最初に考えた自分自身の（　　）の
（　　）に，メッセージを書いてみましょう。

〔生徒の反応〕遊園地のたんぽぽに，「遊び疲れた人を楽しませるかもしれな
いから，自分らしく咲いていて」等

付箋相談室

使用する資料・教材

　悩みを書いたカード，付箋

題材の価値

　人は誰でも悩みに直面するときがあります。その渦中にいると自分だけが悩み苦しんでいるように感じ，他の人も悩んでいることが見えなくなります。自分の悩みにとらわれ，溺れてしまうのではなく，客観的に相対化することが必要です。悩みの重さを順位づけ，他の人の価値観にふれることで，自分自身の悩みも相対化されてきます。

　悩みを理想と現実のギャップであるととらえること。

　悩みは出来事そのものではなく，受け止めた際の心の重みであること。

　こういった視点をもつことで，自分の悩みに対し距離を置いた見方ができることをねらいとしています。

　また，悩みの解消方法は，人それぞれ違います。

　人に話を聞いてもらい，勇気づけられる人。

　ひたすら気分転換で楽しいことをする人。

　誰かを攻撃し続ける人。

　とにかく努力でなんとかする人。

　いずれにせよ，ワンパターンしか解消方法がないという人は，それが通用しないときには途方に暮れてしまいます。他の人の解消方法を知ることで，自分自身の悩みとの向き合い方のバリエーションを増やすことが大切です。

授業展開

> A　人と親しく話すことが苦手だ。
> B　部活動を何に入ろうか迷っている。
> C　友達と同じ人を好きになってしまった。
> D　勉強の成績が下がり続けている。
> E　クラスで大事な役をまかされたが，みんながき
> 　ちんとやってくれない。

●次のA～Eの悩みを友人から相談されたとします。より深刻で重い悩みだ
　と思う順に，順位をつけてみましょう。
　A　人と親しく話すことが苦手だ。
　B　部活動を何に入ろうか迷っている。
　C　友達と同じ人を好きになってしまった。
　D　勉強の成績が下がり続けている。
　E　クラスで大事な役をまかされたが，みんながきちんとやってくれない。
　グループで話し合うことが可能であれば，グループで順位づけをします。
印刷したものをカード状にし，グループに配ると並べ替えがしやすいです。
　話し合いをするうちに自分自身の価値観がわかってきます。

悩み ＝ 出来事の重さ？

●ところで，悩みの深刻さと出来事の深刻さはイコールでしょうか。同じことでも何日も深刻に悩む人もいれば，ケロリとしている人もいます。

悩み ≠ 出来事の重さ

悩み ＝ 心の重さ

●悩みというのは，出来事そのものを指すのではなく，それによる心の重さを指します。一つの出来事であっても，それをどの程度負担に思うかは人それぞれです。

$$悩み = 理想 - 現実$$

悩みは理想と現実のギャップから起きる。

●実は，悩みは理想と現実とのギャップで生じます。100点を理想とすれば80点でも悩みが生じます。でも50点とれればいいやと考えていれば，80点では飛び上がるくらいの高得点かもしれません。では理想を低く目標を低くすればいいかというと，人には向上心もあり単純にはいかない問題です。

●先ほどのA〜Eの悩みは，どんな理想から生じるか考えてみましょう。

A　→人と親しく話したい。
B　→興味のあることが複数ある。
C　→どちらも大切にしたい。
D　→勉強の成績を上げたいと思っている。
E　→責任感と，協力してやりたいという気持ち。

●悩みの裏にはこんな気持ちや事実があるのではないでしょうか。そしてこれらの気持ちは素晴らしいものです。

悩み解消の「心の公式」を考えましょう。

例：悩み解消 ＝
　　努力 × 参考になりそうな本を読む

- 悩みが理想マイナス現実なら，どうすれば悩みを解消することができるでしょう。その「心の公式」を考えてみましょう。悩みの出来事を解消するだけでなく，心の重さを解消するという観点で考えてください。
付箋に書かせ，黒板に貼るなどシェアできるようにします。
- 料理をするときに，包丁一本とフライパンで全てつくれるわけではありません。いろいろな調理の器具があったほうが便利です。同じように，人生で出会う悩み事にはいろいろな解消法をもっているほうがいいのです。他の人の意見で取り入れられるものはぜひ自分のものにしてください。

終　末

- A〜Eの悩みをもっている人に温かいメッセージを書いてみましょう。
教室の5か所にA〜Eと書いた画用紙を用意し，付箋に書いて貼らせます。
学級通信等で紹介すると，間接的に励まされたような感覚を得られます。

| 実践 | カウンセリングの機能を生かした道徳授業　（Dよりよく生きる喜び） |

アフリカのことわざに学ぶ

🐛 使用する資料・教材

- 資料『アフリカのことわざ』(アフリカのことわざ研究会編，東邦出版)
- ワークシート（ダイヤモンドランキング）

🐛 題材の価値

　日本のことわざを題材に同様の授業をしたとしても，説教じみた内容になってしまうでしょう。国や文化が違えば，ユニークに感じられることわざが生まれてきます。しかし国や地域を越えて生きる上で大切なことは，万国共通であるとも感じられます。

　ダイヤモンドランキングを使うことで，自分自身の価値観に向き合うことができます。その際に自分自身の意見を否定される心配もありません。グループで意見を交流しながらランキングを作成すれば，他の人の考えを知ることや合意形成の練習など様々な効果が期待できます。

🐛 授業展開

導　入

●ことわざとは，人生に大切な知恵を伝えてきた短い言葉です。全員起立してください。心の中でことわざを5つ思いついたら座ってください。
〔生徒の反応〕次第に着席しますが，難しそうな生徒には助け船を出します。
●ではアフリカのことわざを5つ思いついたら立ち上がってください。
〔生徒の反応〕誰も立ち上がれません。

展　開

●アフリカのことわざを9つ紹介します。意味をよく考えながら，より良く生きる上で，自分にとって最も重要だと思うものを1つ，その次に重要だ

と思うものを２つ，その次に重要だと思うものを３つ，その次が２つ，最も重要でないと思うものを１つ選んでダイヤモンドの形に記号を書き込みましょう。

●グループごとに自分たちの学級にとって大切なことを話し合って，ダイヤモンドランキングに記入しましょう。

A　やかましくさえずる鳥はまったく巣作りをしません。

　　　　　　　　　　　　　　　　　　　（カメルーン，西アフリカ）

B　船長だからといって船員であることを忘れるな。　（東アフリカ）

C　斧は忘れる。木は忘れない。　　　　　　　　　（ジンバブエ）

D　一度戦うことは勇敢さを示すが，絶えず戦うのは愚かだ。

　　　　　　　　　　　　　　　　　　　　　　　　（エチオピア）

E　地べたの上の果物はみんなのものだけど，木の上のそれは登ることができる人のもの。　　　　　　　　　　　（ジンバブエ）

F　美しい娘の周りをウロチョロしているだけで告白をしない男は，彼女の結婚式で客に水を出す役目に行き着く。　　　（ウガンダ）

G　早く行きたいならひとりで歩いてください。遠くまで行きたいなら他の者とともに歩いてください。　　　（アフリカ（不詳））

H　嘘が１年逃げ回っても真実は１日で追いつく。　（南アフリカ）

I　分かち合いはおなかを満たす。自分勝手は飢えをもたらす。

　　　　　　　　　　　　　　　　　　　　　　　　（コンゴ地方）

終　末

●作成したシートを眺めながら，あなたは，より良い人生とはどのようなものだと考えているかを考えて書きましょう。

●感想を交流しましょう。

※この時間で自分の考えを聞いてもらえた，受容してもらえたという体験をすることもねらいとしています。

発問を生む
教材研究

① 浅い答えがあるのではなく，浅い教材研究があるだけ

「愚かな質問はない。あるのは愚かな答えだけだ」という言葉をジャーナリストの池上彰さんが紹介しています。質問する側の勇気を鼓舞する言葉です。

道徳授業においては，反対に「生徒の浅い答えがあるのではなく，浅い発問があるだけだ」と考えてみてはいかがでしょう。かといっていきなり深い発問，重い発問を用意しても，逆に浅い答えが返ってくるかもしれません。心の準備がないところに，深い問いをしても，深い答えは返ってこないからです。

そこで大切になるのが教材研究です。教材のもつ深さ，浅さを知ることが必要だからです。

「だって〜」「どうせ〜」そんな浅い考えが生徒から返ってきたときに，それを否定し深い考えを要求しては，誘導する授業になってしまいます。そうではなく，浅い考えや短絡的な答えが返ってきたときに，自然と深い考えになるような工夫や発問を用意しておくことが大切です。

教材研究の必要性はわかるものの，全ての道徳授業で納得いくまで時間をかけられるわけではありません。

しかし，１本でも２本でも，とことん教材研究に取り組むことができれば，それは必ず他の授業にも影響してくるのです。

野口芳宏先生は，国語の教材研究を「素材研究」「教材研究」「指導法研究」の３段階で説明されています。素材研究は，作品を教師としてではなく，一人の人間として読み味わうことです。教材研究は，教師の立場で，作品を媒介して生徒を変容させるためには何をしなくてはならないか明らかにするということです。指導法研究は，実際の生徒を想定し，何を問い，どのように考えさせるかの最適解を求めることです。

道徳では，これら３つに加えて，内容項目についての研究が必要になるのではないでしょうか。授業者が内容項目を研究することによって，授業のゴールを明らかに知ることを「内容項目研究」として提案したいと思います。

❷ 素材の本質を見失わない―素材研究―

　川端康成の短編小説に「試験の時」があります（昭和13年『少女の友』に発表）。

　英語の試験のときに，花代は後ろの席に座っていた雪子に制服の首元からメモを入れられます。そっと開くと「問題の３番の訳がわからない」という内容です。そこを運悪く試験監督のミス・ジャクソンに見つかってしまいます。カンニングの疑いをかけられた花代は呼び出され，詰問されても何も言うことができません。ミス・ジャクソンにはテストを０点にすると告げられますが，雪子のことは黙っていました。その後，雪子に謝罪され本当のことを言いに行くと言われますが，「いいのよ」と雪子の肩を抱きます。友人をかばった雪子は悔しさと満足感を覚えます。翌週雪子から話を聞いた姉の道子が，このままではいけないと本当のことを知らせに３人でミス・ジャクソンのもとへ向かいます。

　このエピソードを中心に話は展開していきますが，花代は友情を確認することができ，最後は晴々とした気持ちになります。

　もし，この小説で道徳授業を行うとすれば，どうなるでしょう。ひょっとすると「友達のことをかばって本当のことを言わないことはいけないことだ」というゴールに向かって授業を組み立ててしまうのではないでしょうか。花代の影響を受けて，日常生活で友人の悪事をかばい隠す生徒が増えると困るからです。心情は肯定しつつも行為は否定しなくてはならないとすれば，「花代の気持ちもわかるけど，どうすればよかったのでしょうか」といった発問をせざるを得ません。

　自己犠牲と自己弁護との間で揺れる花代の気持ちは，結局ないがしろにされてしまいます。おそらく自己犠牲とは学習の結果ではなく，人間性から出てくるものなのでしょう。それをあたかも誤った学習の結果であるかのように扱ってしまっては，作品の冒とくと言われても仕方がありません。その素材や教材の本質はどこにあるのかを考えず，表面的なものにとらわれては，

道徳授業ではなく，冒とく授業になってしまいます。

　これは文学作品で道徳授業をしないことを勧めているわけではありません。文学作品の本質を見失わないことが大切であるということです。

　坂口安吾は『続堕落論』の中で次のように書いています。

　「文学は常に制度の，又，政治への反逆であり，人間の制度に対する復讐であり，しかして，その反逆と復讐によって政治に協力しているのだ。反逆自体が協力なのだ。愛情なのだ。これは文学の宿命であり，文学と政治との絶対不変の関係なのである」

　道徳が社会や制度の安定に寄与するものであることは言うまでもありません。上の引用文の制度や政治を道徳に置き換えてみるとどうでしょう。道徳授業における文学作品の立ち位置が見えてくるような気がします。

　素材研究をすることで，道徳の授業で取り上げるのに適しているかどうか，自信をもって伝えられる価値は何かということが明らかになってきます。

3　教室の問題に置き換える―教材研究―

　前節で紹介した「試験の時」は教室の中での出来事が中心です。しかし道徳授業で取り上げる教材は，学校内のことに限らず，さらに老若男女を問わず広く社会の事象を取り上げるはずです。そうなると自然に目の前の生徒の実感からは，遠く離れたものになっていきます。自我関与をさせるという意味でも，一旦社会の問題でも教室の問題に置き換えるということが必要です。

　「手品師」を教室の問題に置き換えると次のようになるのではないでしょうか。

　あるクラスに人柄もよくゲームが得意な男子中学生がいました。彼は教室でも一人でいることが多く，一緒にゲームのことを話せる友人が欲しいなと思っていました。ある日下校途中の公園で，独りぼっちでいる男子小学生と偶然仲良くなり，ゲームの話題で盛り上がります。そして明日の休日も，この場所でゲームの攻略方法を教えてあげると約束します。

その日の夜，彼に小学校時代の友人からメールが来ました。「明日ゲームの大会があって，君のクラスの生徒が団体戦に参加したいと言っている。それでぼくも誘われたんだけど，あと一人メンバーが必要だ。そこでゲームの得意な君のことを推薦したから一緒に大会に出よう。これをきっかけにみんなと仲良くなって，このメンバーでこれからの大会も出られるかもしれない」

彼はしばらく迷い，「大切な約束があるから行けない」と断りのメールを送ります。

翌日，公園で小学生と二人で遊ぶ男子中学生の姿がありました。

このように置き換えてみると「手品師」が，現実的ではないシチュエーションであることがわかります。それでも「手品師」を読んだ生徒は，自分ならどうするかを問われれば，約束を守るために小学生のところに行きますと答えるでしょう。しかし実際に男子中学生の立場であれば，ゲームの大会に参加すると答えるのではないでしょうか。

自分が手品師ならそうするけれど，同じようなことが身の上に起これば，そうしないのであれば，「手品師」の授業は生徒に変容をもたらしているとは言えません。

「どうすれば，手品師の授業の後に，ゲームの大会ではなく小学生のところに行くという生徒が増えるのだろうか」と悩むところから教材研究は出発すると言ってもよいでしょう。

しかし，ここで注意が必要です。人は感情で動く生き物です。楽しそうだからゲーム大会に参加しようと思ったけど，かわいそうだから男子小学生のところへ行きます。これでは，「正直，誠実」を学んだことにはならないのです。安直な思考は学びをもたらさないのです。

 4 自分の授業を論破する—指導法研究—

世の中には多くの意見，考えがあります。ある人が最善の方法としての意見Aにたどりついたとします。その人は，その正しさについて考え続け，そ

の意見が誤っている可能性など塵ほどにも考えないかもしれません。しかし意見Ａが正しいのか正しくないのかも時と場合で変わったり，そもそも意見Ａと相反する意見Ｂや意見Ｃもあり，それぞれが存在意義をもっています。

「白熱教室」で有名なマイケル・サンデル教授は，正義について３つの方向から考えています。それは「幸福の最大化」「自由の尊重」「美徳の促進」の３つです。

「二通の手紙」を，最大多数の最大幸福という観点で考えてみましょう。元さんの目の前の姉弟だけでなく，全ての来園者の事故を防ぐことを優先すれば，元さんの処分は当然のことでしょう。個人の自由とか権利を最大限にするという観点で考えると，規則の制約は受けるものの，少し揺らいでくるような気はします。さらに美徳の促進という観点で考えると，元さんの行為は称賛されるべきだという気もします。

仮に授業の中で意見Ａの正しさを理論立てて説明できたとしても，それでは多面的・多角的にものを考えることにはつながりません。授業をつくる際には，常にその発問や説明に反駁する者の存在を想定することが大切です。一旦出来上がった授業を自分自身で論破するのです。そのことで自分自身の授業の弱点を改善し続けることができるのです。

5 教材の三叉路研究

道徳が，主体的・対話的で深い学びをもたらすためには，授業者の教材研究が前提となるのは言うまでもありません。

授業者自身が，その教材に対して胸躍るような感覚をもてたら，その授業が成功する可能性は高いでしょう。

そのために，教材に関して「へえ，こんなことがあったんだ」「なるほど，こうなっていたのか」といった授業者にとっての未知の領域を探すことが大切です。知らないことを知る面白さを授業者自身が体験するということです。授業者が心を動かされない教材が，生徒の心を動かすのは難しいものです。

知らないことを知ることができた楽しさは，教師も生徒もそう変わらないことでしょう。面白い授業をつくろうと思えば，授業者の未知を知ることが早道なのかもしれません。

　また授業が押しつけにならず対話的となるためには，その教材に対して，一見共通しているけれど正反対であるものや，一見正反対であるけれど共通しているものを探すことも求められます。この2つの方向への教材研究で得られる異なる知識は，知識そのものが対話を始め，教材の本質を浮かび上がらせることでしょう。

　この3方向への教材研究を三叉路研究と呼ぶことにしましょう。

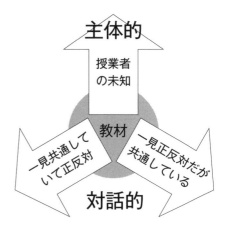

6 三叉路研究の実際—「赤土の中の真実」から—

　実際に三叉路研究の視点で考えてみることにしましょう。

　「赤土の中の真実」（『新しい道徳2』東京書籍）という教材があります。

　戦後間もない頃，火山灰の降り積もる時代には人間はいなかったというのが定説でした。そんな中，相沢忠洋さんは火山灰の降り積もった赤土の中から小さな石片を発見し，人間が住んでいたのではないかという疑問を抱きます。心ない人たちからの中傷を受けながらも，地道な活動を続けた結果，旧石器時代の存在を確定的にしました。

1　授業者の未知

　困難に負けず偉業を達成した相沢忠洋さんを題材にした教材です。まずは，相沢さんについて調べる必要があります。彼は大学の研究者などではなく，

納豆の行商をしながら発掘を続けた人です。そのことについて心ない人から生意気だという批判も受けたようです。それに対し「考古学がやりたいから，納豆の行商をしているのだ。サラリーマンでは，時間に拘束され遺跡の踏査が自由にできない。目的の手段として行商をしている」と相沢さんは返したそうです。困難にも負けずに，目的を成し遂げた人というイメージがわいてきますが，このままでは生徒との距離を近づけることは難しいでしょう。

相沢忠洋記念館のホームページを見ていると，展示室に何やら書の額縁が見えます。「肌錵心匂　是求者也　忠洋」と読むことができます。そこで記念館に電話をかけ，額縁について尋ねました。すると額縁の言葉は，「肌に錵　心に匂　これ求むるものなり」という相沢さんの考案したものだということです。

錵も匂も日本刀の文様を指す言葉です。日本刀は斬れるものはもろく，折れないものは切れ味が悪いそうです。日本刀の鍛冶職人は切れ味と丈夫さを両立させようと苦心しました。

相沢さんは自分自身のことを切れ味の鋭い刀のようだとは，きっと思っていなかったでしょう。しかしある種の愚鈍さがあったからこそ偉業をなしとげたと言えます。額縁の言葉を知ることで相沢さんに対する理解が深まりました。

2　一見共通していて正反対

相沢さんの業績をたたえ，相沢忠洋賞が1991年に創設されました。その第1回目の受賞者は，マスコミに神の手ともてはやされた，ある考古学の研究家でした。しかし彼はあらかじめ遺跡に石器を埋めて掘り出すという発見の捏造を行っていたことが判明しました。功名心から捏造を始め，神の手と呼ばれるプレッシャーから捏造を続けていたそうです。後に相沢忠洋賞を返還しています。相沢さんは真理を求め，石器を掘り続けましたが，彼は名誉を求め，石器を埋めていました。比較することで相沢さんの本質が浮かび上がってきます。

3 一見正反対だが共通している

　納豆売りを続けながら石器を掘り続けるという生活は，地味で人の目にとまりにくいものだったでしょう。反対に10代の頃から華やかなステージに立ち続ける人もいます。ジャニーズ事務所に所属するアイドルというよりも俳優としてのイメージの強い岡田准一さんも，その一人です。

　彼は14歳のときに母親がオーディションに応募し，合格してジャニーズ事務所に入所しました。その直後にＶ６でデビューを果たすという幸運の持ち主です。

　恵まれた外見と強運とで現在の地位を築いていったのだろうと感じます。しかし『ジャニーズは努力が９割』（霜田明寛著，新潮社）という本には興味深いエピソードが紹介されています。岡田さんは小学校低学年のときから自分の生き方について考え続けてきました。10代の頃は家に帰ったら，映画を３本観て，本を１冊読むことをノルマとして自分に課していたそうです。「ひたすら空洞を埋めるために勉強をした。10年目くらいで身になってきて，同時に周囲から評価や信頼を得られるようになった気がする」と語っています。３種の格闘技のインストラクターの資格も取得している岡田さんは，まるで求道者のようなストイックさを感じさせます。

　このように３方向で教材について考えていると自然に発問が浮かんでくるような気がします。実際の授業については，「入れ子式道徳授業」の章を参照してください。

7 価値と向き合う―内容項目研究―

　教材研究について述べてきましたが，いよいよ内容項目そのものについての研究について考えていきましょう。実際の授業では，これが一番不足しているように感じます。

　道徳の内容項目のＡ「主として自分自身に関すること」で最初にあるのは，

小学校では「善悪の判断，自律，自由と責任」で，中学校では「自主，自律，自由と責任」です。中学校段階では，善悪の判断ができるという前提になっているわけです。

　人が幸せに生きていくためには，自由は大切な要素です。そして自由の前提として自主，自律があり，結果として責任があります。自主，自律の前提として善悪の判断があります。

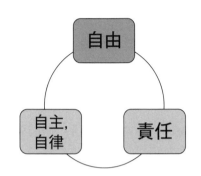

　道徳の内容項目の１丁目１番地は自由にありそうだと感じます。では自由とは何でしょう。

　自由とは外的な拘束や障害がない状態です。そもそも自由というものが存在するかどうかについては，重要な哲学的課題であったようです。自由についてカントは自律性を重んじました。むしろ自己決定の自律性そのものを自由としています。この自律による自由という考えは現代の様々な考えの根幹になっています。

　「自由とは何か」ということに関してたくさんの書籍も出版されています。

　ジョン・ステュアート・ミルの『自由論』が代表的であると思いますが，手軽に入手できる新書本でも多く出版されています。

　それらにざっと目を通すと，大雑把に言えば，自由を阻害するものが政府や国といった大きな権力のようなものから，個人の集団といったものへと変遷していると言ってもよいでしょう。特に中学生は同調性の強さ，浮き上がることの恐れといったものが，自由を阻害する大きな要因になっているようです。自由を阻害するものにしがみつきながら，自由が欲しいと言っているように感じます。では彼らの言う自由とはどんなものなのでしょう。

　内容項目の意味を考えるときに，私は似た意味の言葉を並べ，意味の違いを比べるようにしています。

　自由とは「他から制限されたり邪魔されたりしないで，自分の思い通りに

できること」です。類義語には随意や自在があります。随意は「束縛も強制もなく，思うままにしてよい」ことです。自在は「邪魔なものや束縛するものがなくて自由であること」です。どうやら自由とは束縛や制限や邪魔がなく思い通りにできることのようです。そうすると放縦という言葉が頭に浮かびます。放縦は「自分のしたいことについて責任をとらないような，勝手気ままでだらしのない様子」です。

　生徒が考える自由とは放縦に近いのかもしれません。放縦とは責任をとることを考えず何の規律もなく勝手にふるまうことです。放縦の類義語には放埒があります。放埒は「遊びにばかりふけっていて，だらしがない」ことです。

⑧　自由を恐れる教師

　教師のメンタリティーとして，生徒の自由を恐れ，きまりがあると安心できるということがあるのではないでしょうか。それは自由に付随してくる「自分勝手さ」「だらしなさ」といったものが学校現場に合わないことがあります。すると無意識のうちに，自由という価値に対して腰が引けた授業になってしまうのではないでしょうか。

　自由には自律が大事，責任が大事と強調するあまり，自由そのものを色あせさせてしまい，魅力に乏しいものにしてしまっているのではないでしょうか。

　自由を求める姿勢は大切です。自由への道のりは島と島とを結ぶ一本の大きな橋に例えられるかもしれません。自由のある島と自由のない島があるとします。橋を渡ればたどりつけるけれど，足をすべらせると自分勝手や放埒の海に落ちてしまいます。すると教師は自由のある島へと行かせることに躊躇します。落ちたら大変だからです。しかし自由のない島は，自由がないだけではなく，主体性もなく誰かに依存する島なのです。そして自由の島では，実は自主，自律，責任といったものも得られるのです。

生徒が制御できなくなることを恐れ，結果的に他人まかせで主体性のない人間をつくっていることを教師は自覚すべきです。やはり自由とは素晴らしいものです。教師がその価値を実感できるところまで向き合った上で授業を行う必要があります。

　そうでなければ教師の本音と建前の乖離した授業になってしまいます。

　自由には責任が伴いますと安直に伝えるのではなく，自由そのものについて徹底的に考えさせ，自由そのものの大切さを感じさせたいものです。

Chapter

5

発問が生まれる
入れ子式道徳授業

1 教科書教材の弱点

　道徳の時間が「特別の教科 道徳」となり，教科書を用いた実践が全国で展開されています。するとあちらこちらでこんな声が聞こえてきます。

　・教科書そのものが，生徒の意見を誘導するようになっている。
　・内容が薄く，１時間の授業を成立させるのがつらい。
　・指導書通りにやっても，生徒の目が死んでいる授業にしかならない。

　教科書教材の中には，生徒に対して「べき」が透けて見えるものが少なくありません。はじめから「あるべきこと」「正解」がはっきりしていて，思考が広がらないのです。そうなると教師が自信をもって熱量のある授業はできません。
　するとこんな授業になりがちです。

　　教材……「べき」が透けて見える
　→教師……自分ならどうする（べき）？という発問
　→生徒……こうする（べき）という回答

　その実，生徒は（そんなの無理だ）と感じていて，行為の変容が生まれることもありません。
　こんな展開を避けるためには，安易に「みんなならどうしますか」という発問をしないことが大切です。しかし，この教材なら，そうとしか問えないなぁというものもあります。教科書教材という縛りがある以上，発問の工夫にも限界があります。
　教師が自信をもって熱意のある授業ができないのなら，教科書以外の納得する教材と組み合わせるということも選択肢の一つでしょう。本章では，別教材の中に教科書教材を落とし込むという形式の授業「入れ子式道徳授業」

を提案します。これは堀裕嗣先生のシンクロ道徳（ソロ，縦のコラボ，横のコラボ）のステップ０とでも言うべき位置づけになるかと思います。

2 入れ子式道徳授業とは

　味の薄い具材でもピリ辛スープの中に入れれば，おいしく食べられることもあります。

　これを道徳授業にたとえると右図のようになります。具材だけではお客さんに出せないのであれば，それを補完するような美味いスープに入れてみようという発想です。

具材＝教科書教材

スープ＝別教材

器＝授業の枠組み

　ただしクリームパンをラーメンに入れても合いません。あくまでも同じ器に入るという前提で考えます。同じ器というのはねらいとしている方向性が同じということになります。

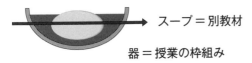

授業の流れ
①枠組み→②別教材→③教科書教材
→④別教材→⑤枠組み

具材＝教科書教材

スープ＝別教材

器＝授業の枠組み

　授業の流れとしては左図のようになります。授業の枠組みを提示し，別教材で関心を引き寄せ，教科書教材で価値を明確にし，別教材に戻って補完し，枠組みを振り返るという流れです。

　大切なのは教科書教材の弱点を理解し，把握することです。

それを補完するには何が必要なのかを問わなくてはなりません。

　では実際の入れ子式道徳授業をご覧ください。

実践

入れ子式道徳授業 （東京書籍『新しい道徳2』）

認め合う心 「遠足で学んだこと」

「遠足で学んだこと」内容

　遠足の日の出来事です。藤野君は規則を守ることを大切にしていて，のんびり班行動から遅れがちで歩く吉川君や女子の行動が気になって仕方がありません。吉川君は自然が好きで草花を鑑賞しながらマイペースで進んでいるのです。班長はさっさと先に行ってしまいました。どうしていいかわからない藤野君は「吉川君，もう少し速めに行こうよ」と強い口調で言いますが，吉川君の反論にあいます。やがて戻ってきた班長の「みんなちがってみんないい」という言葉に，藤野君は反省するという話です。

教材の弱点

　それぞれの視点が示されていますが，収拾のつかないまま，問題点や優先すべきことの整理をせずに，「みんなちがってみんないい」と思考停止をさせています。

　お互いの立場を尊重しようというかけ声のみで，意見が衝突したときの調整の仕方はわからないままになっています。一読すると藤野君に同情的な生徒が多くいますが，藤野君がなんとなく言いくるめられてしまうような展開にスッキリしないものを感じます。

　そもそも班長が言い争っている二人の間に強引に入って，「みんなちがってみんないい」と事態の収束に動いたのは，「そもそも班長が先に行ってしまうから行けないんだ」と班員から責められるのを避けるためとも読み取れます。

●今日は「みんなちがってみんないい」について考えていきます。このことは賛成ですか。

〔生徒の反応〕賛成です。

●では，公共の場で，大勢の人が待たされてイライラしているときにマイクで好きな歌を歌うのは，みんなちがってみんないいからOKですか。

〔生徒の反応〕それはダメ。

別教材

●2017年8月のことです。新千歳空港で飛行機が出発予定の時刻を1時間過ぎても，まだ出発しませんでした。乗客は1時間も飛び立たない飛行機の中で待たされます。みんなイライラしています。突然，乗客の一人が客室乗務員にマイクを借り，「滅多にこんなことはないんです。皆さん頑張ってますから，もう少しお待ちください」と話します。そして「大空と大地の中で」という曲を歌い出しました。彼は歌手の松山千春さんだったのです。

歌い終わると「皆さんのご旅行が，またこれからの人生が，素晴らしいことをお祈りします。もう少しお待ちください。ありがとうございました」と話し，飛行機の中は拍手に包まれました。

●イライラしていた乗客たちはどう変わったでしょう。

〔生徒の反応〕思いがけず歌が聴けて喜んだ。等

教科書教材

「遠足で学んだこと」全文朗読し，ストーリーを確認します。

●藤野君は「吉川君が植物を大切にする気持ちはよくわかるけど，それと同じくらい，ぼくは時間やきまりを大切にしたいんだ」と言い，吉川君は「植物とふれあうゆとりぐらいあったっていいじゃないか」と言い返します。二人の意見が，かみ合わないのはなぜでしょう。

〔生徒の反応〕自分の立場だけで話しているから。等

●そもそも藤野君は全体のことを考えて話しているのだから，言われた吉川君は「ごめんなさい，みんなのことを考えて急いでいる藤野君のことを考えずに，植物のことに夢中になってしまって」と言うべきだったのではないでしょうか。そして一緒に行動していた女子も「藤野君の言う通りよ。みんなで走って先頭まで追いつきましょうよ」と言えばよかったのではないでしょうか。

●こんな対応をするためには何が必要なのでしょう。

〔生徒の反応〕自分の考えだけでなく，どうすべきかを考える。等

●自由というのは生きたいように生きられる状態です。でも誰もが自由であることを主張すると，他者の自由とぶつかります。その結果，自分の自由を失ってしまうのです。ではどうしたらいいのでしょう。自由であるためには，他者の自由を認め尊重することが大切です。これを自由の相互承認と言います。

●「わたしと小鳥とすずと」の詩では，最後に「すずと，小鳥と，それからわたし，みんなちがって，みんないい」とあります。題名の並びと順序が逆になっています。いつでも速いものが先に行くのではなく，遅いものが仕方がないと言うのではなく，

> 自由　生きたいように生きられる
> →自由を主張→他者とぶつかる
> →自分の自由を失う

> 自由　生きたいように生きられる
> →他者の自由を認め，尊重する
> →自由の相互承認

> わたしと小鳥とすずと　金子みすゞ
>
> わたしが両手をひろげても，
> お空はちっともとべないが，
> とべる小鳥はわたしのように，
> 地面（じべた）をはやくは走れない。
>
> わたしがからだをゆすっても，
> きれいな音はでないけど，
> あの鳴るすずはわたしのように
> たくさんなうたは知らないよ。
>
> すずと，小鳥と，それからわたし，
> みんなちがって，みんないい。
>
> 出典：金子みすゞ童謡集『わたしと小鳥とすずと』
> 　　　（JULA出版局）より

ときには速いものが最後に行ったり，遅いものが先頭を行ったりすること
も大切かもしれません。

別教材
●松山千春さんは飛行機の中で歌って拍手をされました。みんなちがってみ
んないい。そう言えるためには何が必要ですか。
〔生徒の反応〕みんなに喜ばれるような個性。等

枠組み
●あなたの，人に喜ばれる他の人とちがっているところはどこですか。
〔生徒の反応〕今はよくわからないけれど，これから見つけられるといい。
等

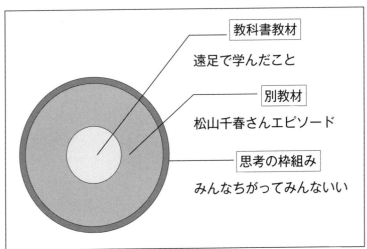

教科書教材のみで扱うと，なんとなく「みんなちがってみんないい」とい
う結論に行かざるを得ません。しかし別教材を組み合わせることで，「どん
なときならちがっていいのか」「どんなちがいならいいのか」という問いが
自然に生まれてくるのです。

実 践

入れ子式道徳授業 （東京書籍『新しい道徳2』）

認め合う心 「赤土の中の真実」

🌱「赤土の中の真実」内容

　相沢忠洋さんは赤土の中から小さな石片を発見し，火山灰の降り積もった時代にも人間が住んでいたのではないかという疑問を抱きます。心ない人たちからの中傷を受けながらも，地道な活動を続けた結果，石器を発見し，旧石器時代の存在を確定的にしました。

🌱教材の弱点

　生徒の日常から遠い素材であるため，興味をもって授業が受けられるかは疑問です。さらに相沢さんの人柄が十分に伝わらず，感情移入しにくいのも難点です。「ああ，そうなんですね」という知識の伝達になる可能性があります。

枠組み

●成功するために必要なことは何ですか。

〔生徒の反応〕努力。才能。運。

●では，成功しないために必要なことは何ですか。

〔生徒の反応〕すぐにあきらめること。

別教材

　（岡田准一さんの写真を見せながら）

●成功するために必要なことは何ですか。

〔生徒の反応〕ルックス。持って生まれたもの。

●岡田准一さんは，母親がオーディションに応募し合格し，14歳でジャニーズ事務所に入所しました。その直後V6でデビューを果たします。1995年

のことです。

●成功するために必要なことは何ですか。

〔生徒の反応〕幸運。

●岡田准一さんは，小2ぐらいのときからずっと，自分はどう生きるかとか，どういう男になるかということを考えてきたそうです。10代の頃は家に帰ったら，映画を3本観て，本を1冊読むことをノルマとしていたそうです。「ひたすら空洞を埋めるために勉強をした。10年目くらいで身になってきて，同時に周囲から評価や信頼を得られるようになった気がする」と語っています。また3種類の格闘技のインストラクター資格も有しています。2003年から数多くの映画に出演し，日本アカデミー賞では『永遠の0』で最優秀主演男優賞，『蜩ノ記』で同最優秀助演男優賞を受賞し，最優秀賞ダブル受賞を果たしています。

●成功するために必要なことは何ですか。

〔生徒の反応〕やっぱり努力が一番大切だ。等

教科書教材

「赤土の中の真実」全文朗読し，内容を確認します。

●相沢さんは日中発掘をするために納豆の行商人をしますが，「学歴のない納豆の行商人が考古学をやるのは生意気だ」と言われたり変人扱いされたりすることもありました。

●「肌に錵　心に匂　これ求むるものなり」

これは相沢忠洋記念館に飾られている色紙の言葉です。錵（にえ）も匂（におい）も日本刀の文様を指す言葉です。日本刀は斬れるものはもろく，折れないものは切れ味が悪いそうです。日本刀の鍛冶職人は切れ味と丈夫さを求めていたのです。

この言葉から相沢さんのどんな気持ちが感じられますか。

肌錵心匂
是求者也
忠洋

〔生徒の反応〕心折れずにとにかくやり続けよう。等

別教材

●ある悩み相談の掲示板に次のような質問がありました。相沢さんや岡田さんなら何と答えるでしょう。

> 中学2年生男子です。中学に入ってバスケットボールを始めたのですが，周囲よりも下手で嫌になります。
> 3年生が引退しても，上手な後輩もいるので試合に出られないと思います。練習は人一倍やってきたのですが，練習に何の意味があるんだろうと悩んでしまいます。
> 最近はバスケットボールをやめようかなとも考えています。どうしたらいいでしょうか。

〔生徒の反応〕

相沢さん：周囲を気にせず自分のプレイに集中して，後で頑張った自分を好きになれるかもしれない。

岡田さん：練習の成果が表れるのは時間がかかる。他に好きなこともやりながら続けてみては。　等

枠組み

●成功するために必要なことは何ですか。

〔生徒の反応〕自分が好きなことをやり続けること。等

　教科書教材だけでなく，他の教材を組み合わせることで，成功というものを多角的にとらえることができます。

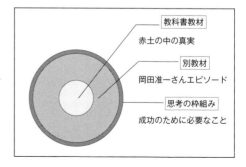

教科書教材
赤土の中の真実

別教材
岡田准一さんエピソード

思考の枠組み
成功のために必要なこと

Chapter

6

授業づくりの実際

1 心動かされる素材を探す

　授業づくりには大きく分けて２つのパターンがあります。内容項目から出発するパターンと，素材から出発するパターンです。いずれにせよ素材との出会い，素材を探すことが必要になります。

　人というのは心の中でフォーカスしているものをキャッチする生き物です。たとえば新しい車が欲しいなと思っていれば，車の広告が多く目に飛び込んできます。「最近，車の広告が多いなぁ」と錯覚するかもしれません。誰かに意地悪をされるのではないかと恐れている生徒は，周囲の言動，一挙手一投足に敏感になるでしょう。良いことも悪いこともフォーカスしているものをキャッチします。

　「何か，道徳の素材になるものはないかな」

　授業づくりに力を入れている人は，そんな気持ちをもって書店に行ったり，図書館に行ったり，ネットサーフィンをしたりということを繰り返していることでしょう。私もそうです。すると日常生活でも自然と素材が目に留まるようになってきます。

　そこで気を付けたいことがあります。目に留まる素材は，授業者の人生観に左右されるということです。たとえば「人を信頼することは……」の後にどんな言葉が思い浮かぶでしょうか。そこで思い浮かぶ内容は，その人の人生観に影響されていることでしょう。そして目に留まる素材は，その人生観を証明するようなものが留まりやすいのです。ハッピーエンドを好む人と悲劇を好む人とでは，目に留まる素材が変わります。そのことに自覚的であるべきです。知らず知らずのうちに，授業者の人生観に生徒が感化されることもあるからです。

　チャップリンは「人生は近くで見ると悲劇だが，遠くから見れば喜劇である」と言いました。その視座の移動を伝えることが大切なことのように思います。肝心なことは教師の人生観を伝えることではありません。「人生はハッピーエンドだ or 人生は悲劇だ」ではなく，ハッピーでいる陰で，悲しん

でいる人がいることを忘れてはいけないこと，絶望的な状況でも希望が残されていることを見逃してはいけないこと。そういった見方を教えることが大切です。

　目に留まった素材を，これは自分好みの素材かもしれないと客観的に見る目が必要です。

② 素材を吟味する

　では実際に授業づくりを行います。素材を（今さらですが）遠慮なく批判できるので，自作資料で考えていきます。

朗読劇「イジリとイジメ」
登場人物……タクミ，ショウ，カイト，タクミの兄，ナレーター
ナレーター「タクミ，ショウ，カイトの３人の下校途中の風景です」
（前半）
ショウ　「おい，カイト，昨日のテレビ見た？　まじウケるよ。あのお笑い芸人のリアクション」
カイト　「見た見た。頭叩かれたら，変な顔するやつでしょ。本当笑えるよね。あの顔」
ショウ　「そうだ，あれタクミにやってもらおうぜ」
カイト　「おいタクミ。お前，頭叩かれたら顔のパーツをバラバラに動かしてみて」
タクミ　「え，何それ」
ショウ　「お前テレビ見てないのかよ。いいから，福笑いみたいな顔すりゃいいんだよ」
カイト　「しらけるなぁ，ショウの言うこと聞けよ。空気読めよ」（叩く音）
タクミ　「こう？」

ショウ　　「ははは，まじウケる。何その顔」

カイト　　「本当」

タクミ　　「もう，いいかい？」

ショウ　　「もっとやれよ」（叩く音）

カイト　　「はは，まじその顔ウケる」

ショウ　　「もっとやれよ」（叩く音）

ナレーター「イジリは次第にひどい暴力にエスカレートしていきます」

（後半）

タクミ　　「あ，兄ちゃん」

ショウ　　「兄ちゃん？」

カイト　　「え，何，このムキムキのガタイのいい人」

タクミ兄　「おい，お前ら，俺の弟いじめてんじゃないのか」

ショウ　　「いじめてないっすよ。テレビでやってる真似してるだけです」

カイト　　「そうそう。これはイジリでイジメではありません」

タクミ　　「俺の兄ちゃんは昔空手をやっていて黒帯だったんだよね。もう
　　　　　　やめちゃったけど」

タクミ兄　「ああ，そうか。イジメじゃなくてイジリなんだ。しかもテレビ
　　　　　　の真似だから悪くないよな。おい，今からテレビで見たことのあ
　　　　　　るキックとパンチの真似してKOしてやる。これは暴力じゃな
　　　　　　い。シゴキだからな」

ショウ　　「いや，テレビでやってるのはプロの格闘家だから。一般人には
　　　　　　きついっすよ」

タクミ兄　「お笑い芸人だって，プロなんだ。リアクションだって芸だろ。
　　　　　　お前らだって一般人にやらせてるだろ」

タクミ　　「兄ちゃん。もういいよ」

ショウ　　「ごめんな。イジリだからって，やってもいいわけじゃないんだ
　　　　　　な」

カイト　　「これから気を付けるよ」

116

ナレーター「人は真似をしたがる生き物です。でも善悪の判断ができなかったり，思いやりの気持ちが足りなかったりすると，イジリもすぐにイジメになってしまうのです」

さて一読して，言いたいことが伝わる内容です。素材と授業のねらいが一緒にやってきたようなパターンです。これを読んで，あるいは実演させてみてから，「自分たちの周りでも似たようなことはないかな。感じたことを書きましょう」と言ったらどうなるでしょう。「軽い気持ちでイジリをすることがあるけれど気を付けようと思いました」といった内容のオンパレードになるでしょう。実際に実演させれば盛り上がるかもしれませんが，それは授業のねらいとは別の部分です。しかも生徒が盛り上がって，「気を付けようと思った」という感想がたくさんあれば，授業は成功したと思ってしまうかもしれません。

言いたいことはストレートに伝わるものの，後半はやはり荒唐無稽な感じがします。現実味の薄い素材を自分事として考えさせるのは難しいものです。

③ 素材を料理する

素材を丸ごとではなく，前半後半と２つに切って提示するとどんな授業展開が考えられるでしょうか。

前半を読んだ後に，この後どんなことが起きるでしょうかと問うことも可能です。しかしバラバラな答えが返ってきて収拾がつかなくなったり，ありきたりで単一な答えで考えが広がらない可能性もあります。

そこで右のようなワークシートを作成し，イジリが続いた場合と止まった場合，それぞれの３者の気持ちを考えさせるとどうでしょ

イジリが続く		イジリが止まる
A	タクミ	D
B	ショウ	E
C	カイト	F

う。

　このときにショウとカイトが全く同じにならないように考えさせます。すると次のようなことが記入されるかもしれません。

　　A　悲しい，つらい，悔しい。

　　B　楽しい。もっと楽しいことないかな。

　　C　楽しい。やり過ぎだよな。次は自分がされないかな。

　　D　ホッとする。

　　E　つまらない。

　　F　つまらないけど，少しホッとする。

　ただ単に行為の良し悪しを聞いても，悪いことです。気を付けますで終わってしまいます。そこで分析的に考えさせる必要があるわけです。

　ここまで考えさせた上で，ところでこれって「イジリ」なの？と軽く聞きます。重々しくこれは「イジリ」なのでしょうかと問えば，イジリではなくイジメですという空気ができてしまいます。あえて軽く聞きます。

　すると「イジリです」と答える生徒も出てくるでしょう。そこで「じゃあ，イジリって何？」と聞くと，「みんなが楽しむことです。あっタクミは楽しんでいないのか」と気づきます。「じゃあ，もしタクミが最後まで笑っていたらどうなの？」と聞くと，タクミが嫌がっていないかを察する方法はないかと考えをめぐらせ始めます。ここで，顔で笑っていても心の中で泣いているといった「笑顔の裏の絶望」もあることも気づかせます。

　これで一応の授業のねらいは達成できそうです。

 導入をつくる

　取り立てて導入部分を意識しなくても，すぐに活動に入っていけそうですが，導入部分を考えてみましょう。

　「今日はイジリについて考えるんだな。なんだか面白そう」ということを生徒に残すのが導入の役割になります。

以前読んだ千原せいじさんの『がさつ力』（小学館）という本に興味深い
エピソードがありました。それを使ってみましょう。

　千原さんが本の中でこんなことを語っています。

　「以前，他の芸人たち４〜５人と一緒にいたとき，
みんなで息子をからかったことがある。そしたら息子
が嫌がって『もうやめてくれや。俺は人をイジるほう
やねん』と言う。その瞬間，その場にいた連中が口を
そろえて（中略）『それはアカーン！　ちゃんと自分
がイジられることをまず覚えて，一旦しっかりイジら
れる経験して，それでやっとそれができんねん。いき
なりイジる側になれるか，アホ！』と絶叫したんだけ
ど，それぐらいイジりというのは難しいものです」

　芸人さんたちは何と言っていたでしょうか。そう考えさせ言葉を紹介して
から，「イジりの難しさを意識したことはありますか」で始まれば，導入と
しての役割を果たしていると言えるでしょう。

5 終末をもうひとひねり

　最後に後半部分を読ませ，スッキリとしたところで，さらに考えさせます。
「イジりが世の中からなくなったら，どうなるでしょう」

　イジりがなくなってホッとする人もいるかもしれません。イジられなくな
って寂しい人もいるかもしれません。人間関係が希薄になったり，かかわる
きっかけがなくなったりということを感じる人もいるでしょう。

　どうなるか，どっちがいいのかの結論は出さずに感想を書かせて終わりま
す。イジりはOKですよというわけにもいきません。仮にイジりはやめま
しょうと結論づけたところで，納得できない生徒はそのままでしょう。少な
くともいじめにつながるようなイジりはいけないことは伝わったことでしょ
う。そして日々のイジりについては，その都度判断するべきものなのです。

判断の際に「禁止されているからやめなさい」と言うのか，「嫌がっていることに気づいているかい」と言うのか。授業の結論によって違いが生まれることでしょう。

6 発問を追加する

　一応，授業の体裁は整いましたが，自分事として考えるにはまだ弱いような気がします。そこで他にどのような発問ができるかを考えてみましょう。
● あなたはタクミ，ショウ，カイトの誰に近いですか。
　これもよくある発問でしょう。誰かの名前を答えて終わりでは考えが深まらないような気もします。
● あなたの中に，タクミ，ショウ，カイトの部分は，それぞれ何パーセントずつありますか。
　これだとどうでしょうか。
　生徒の頭の中で「積極的に嫌がることはしないけれど，ノリでやるときもあるし，やられるときもあるよな。タクミ30％，ショウ15％，カイト55％かなぁ」と思考が深まるような気がします。
　ただし，まだ自分を振り返ってはいるものの，次の行動にはつながっていかないような気もします。
● あなたの中のタクミ，ショウ，カイトが現れたときに，どんな言葉をかけますか。
　こう発問するとどんな答えが返ってくるでしょうか。
　「タクミ→嫌なことがあったら無理に我慢しなくていいんだよ。他の友達のところに行くといいよ。ショウ→相手が嫌がっているかもしれないよ。何かストレスがたまっていないか考えてみて。カイト→誰かと一緒だと気が大きくなるかもしれないけど，やられたときの気持ちを思い出して」といった内容になるかもしれません。
　ここまで進めて，ふと思います。自分の中にあるのは被害者と加害者だけ

なのでしょうか。タクミ兄のような仲裁者の心もあるでしょう。でも実際の生活の中で，この要素は極めて少ないものになっているかもしれません。そこに迫るのも大切ですね。すると発問としては次のようなものが思いつきます。

●あなたの中にタクミ兄のような心や行動は十分にありますか。もしも十分でないのなら，その理由は何ですか。

　問題をなくそうと着目するのではなく，解決策をつくろうという発想の解決思考アプローチという技法があります。その中にスケーリングクエスチョンという質問技法があります。これは気持ちや現状を点数化する技法です。これをもとに発問を考えてみましょう。

　前半のイジリの場面で「タクミ，ショウ，カイトの楽しい気持ちを1から10で表すとどれくらいですか」「タクミの楽しい気持ちが1つ上がるためには周囲のどんな行為が必要ですか」といった発問ができるかもしれません。

　他にも例外探しという技法があります。これは例外を問う方法です。いつもうまくいかないと考えるのではなく，例外としてうまくいったことを見つけ，うまくいく方策のヒントにするというものです。

　「ショウやカイトが人が不快に思うようなイジリをしないのはどういうときでしょう」といった発問ができるかもしれません。するとイジメが加害者側の動機によってなされるということが実感できます。

　数多くの発問の候補をつくり，生徒の顔を思い浮かべながら選んでいくことが必要でしょう。

現代的課題に迫る
道徳授業

　新型コロナウイルス感染症の拡大によって，世界は大きく
変わらざるを得ない状況に追い込まれました。先行きの不透
明さは増し，誰もが不安の中を過ごしています。誰かの言う
ことを聞いていれば無難な人生を送れた時代から，個人個人
がより主体的に判断する時代に突入しています。そんな中，
道徳授業の役割は，旧来の社会，集団を保持するためという
側面から，未来を切り開き，新しい社会をつくるためという
側面をもつようになっているのかもしれません。

　そんな時代的要請を考えつつ，本書を閉じるにあたり，現
代的課題に迫る道徳授業を紹介します。

　この授業はオンラインで行うことも想定しています。通常
の教室で行う授業よりも，よりわかりやすく，より考えやす
くすることが必要だと考えます。そのため視覚に訴えること
と思考ツールを活用することに留意しています。

　内容は「コロナハラスメント」を題材にしながら，不安の
多い社会で，いかに協力し合って生きていくかを考えさせる
ことをねらいとしています。

これってウイルスのせい？

人から嫌な名前で
呼ばれたことはありますか。

そのときの
相手の気持ちは
次のどれにあてはまりますか。

【スライド1・2】

導入の発問をし，Yチャートを用いて考えさせます。

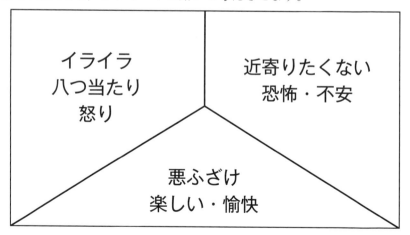

人から避けられたことはありますか。

そのときの
相手の気持ちは
次のどれにあてはまりますか。

【スライド3】

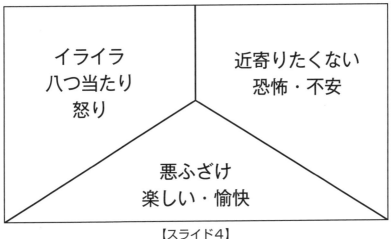

【スライド4】

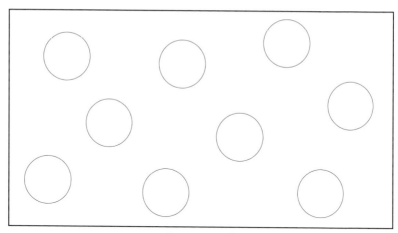

【スライド5】

●一人ひとりが平和に暮らしていたとします。

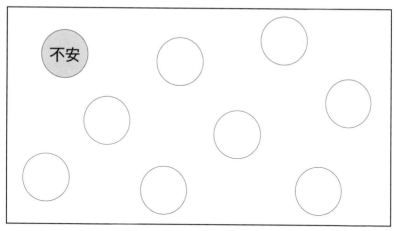

【スライド6】

●誰かが強い不安を抱いたとします。

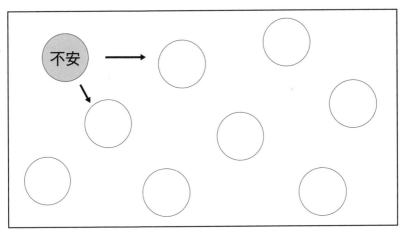

【スライド7】

●その人が不安から，八つ当たりしたり，悪ふざけをしたとします。

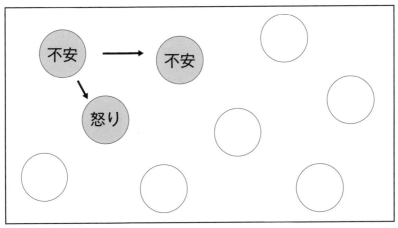

【スライド8】

●すると，された側も怒りや不安を抱きます。

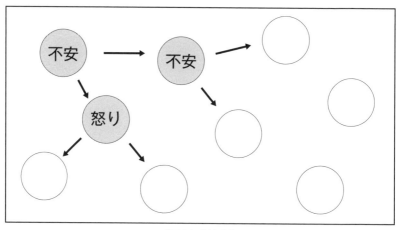

【スライド9】

●同じように誰かにイライラをぶつけたり，八つ当たりしたとします。

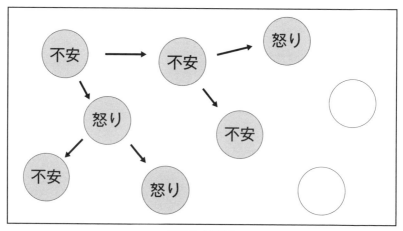

【スライド10】

●その人たちも同じように怒りや不安を感じます。

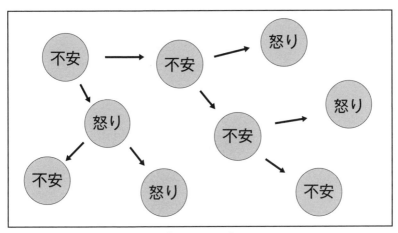

【スライド11】

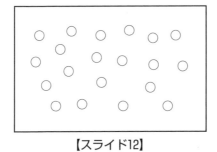

【スライド12】

【スライド13】

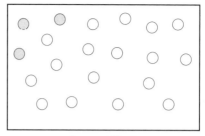

【スライド14】

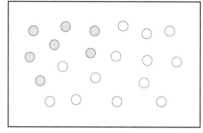

【スライド15】

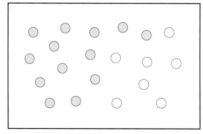

【スライド16】

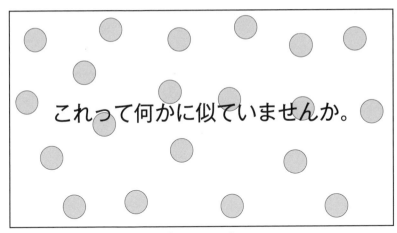

【スライド17】

感染するウイルスに似ているという思いを生徒はもちます。

新型コロナウイルス感染症の症状

・発熱や咳などの風邪に似た症状
　重症化すると肺炎になることも

・感染しても無症状の場合も多い

【スライド18】

●新型コロナウイルス感染症の症状にはこのようなものがあります。

これはウイルスによる症状でしょうか。

【スライド19】

ある医療機関では，
こんな誹謗中傷・風評被害が起きています。
職員に対しての"ばいきん扱い"，
"タクシーの乗車拒否"等。
被害は医療機関職員の家族にも及ぶ。

【スライド20】

これはウイルスのせいですか。

「ばいきん扱い」
「タクシーの乗車拒否」

【スライド21】

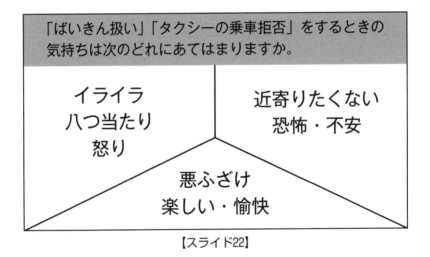

「ばいきん扱い」「タクシーの乗車拒否」をするときの
気持ちは次のどれにあてはまりますか。

イライラ
八つ当たり
怒り

近寄りたくない
恐怖・不安

悪ふざけ
楽しい・愉快

【スライド22】

「ばいきん扱い」
「タクシーの乗車拒否」

どうしてもウイルスから守りたい誰かがいる。
それでも自分は決してしない。
言いきれる自信はありますか。

【スライド23】

単純に断罪できない問題であることに気づかせます。

共通していることは何でしょう。

結核　　　　　　　　　　A型肝炎・B型肝炎
麻しん（はしか）　　　　ロタウイルス感染症
風しん　　　　　　　　　ジフテリア
おたふくかぜ　　　　　　破傷風（はしょうふう）
水痘（みずぼうそう）　　百日せき（ひゃくにちせき）
日本脳炎　　　　　　　　ポリオ
インフルエンザ

【スライド24】

●ワクチンで予防できることが共通しています。

ワクチン

ワクチンは，ウイルスや細菌の毒性を弱め，安全な状態にしたもの。
感染する前に接種して，その感染症に対する抵抗力（免疫）をつくる。

新型コロナウイルスのワクチンはまだない。

（※2020年7月時点）

【スライド25】

● ワクチンがないことが問題です。では，あれば全て解決でしょうか。

そいつは，
人から人へと
広まっていく。

【スライド26】

動画「ウイルスの次にやってくるもの」【日本赤十字社】視聴（3分17秒）

（https://www.youtube.com/watch?v=rbNuikVDrN4）

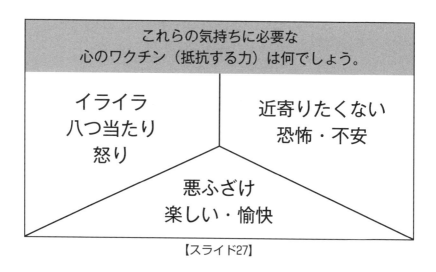

【スライド27】

【スライド28】

　人に気持ちを打ち明けたり，悩みを受け止めたり，そんなつながりが大切なことに気づかせます。

人は，団結すれば，
恐怖よりも強く，賢い。

どうなれば，それが実感できますか。

【スライド29】

動画の中の言葉で振り返らせます。

　恐怖の感情は人に話して聞いてもらうことで緩和されます。互いに助け合い感染症に立ち向かうことの価値に気づかせたいものです。

あとがき

　この度，ライフワークの一つとして取り組んでいる道徳授業について，まとめる機会をいただきましたことを心より感謝します。

　北海道には，堀裕嗣先生，大野睦仁先生，宇野弘恵先生，山下幸先生を筆頭に切磋琢磨し自己を高め合う研修仲間たちが多数います。そして諸先生方から学び，影響を受けたエッセンスとでも言うべきものが，自分の授業づくりの核になっていることは間違いありません。もしもこんな出会いがなければと考えると恐ろしくなるほどです。

　一つの模擬授業の発表のために，あるときは図書館にこもり，自動車を走らせ，ネットの住人となり……。自分でもあきれるほどの情熱を費やしてきました。自分でも思いがけずうまくできたときなど，思わず「すごい，天才的だ」と自分をねぎらうこともありました。しかし，いざセミナーで発表の場に行くと，「あ，すみません。天才じゃなかったです」と白旗を上げ，すごすごと引き返すということの繰り返しでした。しかし，それは決して苦しみではなく，自分にはない視点や気づきを得られることの喜びを味わうことでした。

　そんな充実した学びの場に身を置くことができたおかげで，本書をまとめることができました。新型コロナウイルス感染症の影響で，多くのセミナーが中止を余儀なくされている中でも，セミナー同様の提案と熱い議論がフェイスブックのグループページで続けられています。そこには全国の実践家も集っています。学びは進行中です。

　ここで道徳の授業づくりの魅力について考えてみたいと思います。まず第一に，これほどまでにクリエイティブなものはないということです。内容項目や教科書といった制限はあっても，生徒に考えさせたいこと，学ばせたいことを自由に問い，語ることができます。そしてその手ごたえを実際の授業で感じることもできます。私は趣味で詞を書くことがあります。それに曲を

つけてもらい演奏することは何よりの楽しみです。どうしたら相手に届くか
を考え，仲間とともに演奏し，相手の反応が直接わかる。道徳授業をつくる
喜びは，それに似ています。

　また道徳の授業づくりでは，小学校中学校という校種や教科の壁を越え，
みんなで話し合うことができるということも魅力の一つです。セミナー等を
通じて全国の先生方と知り合い，多くの学びを得ることができました。

　その中でも道徳のチカラの桃﨑剛寿先生は特別な存在です。謙虚でおだや
かな人柄と授業に関する鋭い視点とのギャップが魅力的です。桃﨑先生のホ
ームグラウンドである熊本にも度々足を運ばせていただき，多くのことを学
ばせていただきました。

　道徳授業づくりを通して，自分自身ずいぶんと今まで見えなかったことが
見えるようになってきたなと感じます。それは教師生活における幸福感に寄
与しています。同じように授業を受ける生徒たちにも，今まで気づかなかっ
たことに気づけたり，自分や他者を大切にしようという気持ちを育めたりと
いう変化を願っています。

　生徒の幸福を願わない教師はいないでしょう。その手段として道徳の授業
を活用しない手はありません。これまでの授業でその手応えが得られないの
なら変化が必要です。本書がなにがしかの一助になれば幸いです。

　学びの場を共有してきた敬愛する諸先生方，お世話になった明治図書の及
川誠さんと西浦実夏さんに感謝を述べ結びとしたいと思います。本当にあり
がとうございました。

2020年7月

千葉　孝司

【著者紹介】

千葉　孝司（ちば　こうじ）

1970年，北海道生まれ。公立中学校教諭。ピンクシャツデーとかち発起人代表。いじめ防止や不登校に関する啓発活動に取り組み，カナダ発のいじめ防止運動ピンクシャツデーの普及にも努めている。いじめ・不登校予防の観点から生徒が自分自身と他者を大切にする意欲を育む道徳授業の開発に取り組んでいる。

〔メディア出演〕
テレビ番組　NHK-E テレ「いじめをノックアウトスペシャル11」2018年
ラジオ番組　FM-JAGA「きっと大丈夫〜ピンクシャツデーとかち RADIO」2018年，2019年
〔著書〕
『不登校指導入門』（明治図書，2014年）
『WHY と HOW でよくわかる！　いじめ　困った時の指導法40』（明治図書，2019年）
『WHY と HOW でよくわかる！　不登校　困った時の対応術40』（明治図書，2019年）
絵本『空気マン』（絵：廣木旺我）（なごみすと，2018年）他
〔連載〕
中学道徳通信「とびだそう未来へ」教育出版
2017年創刊号〜2019年秋号「いじめをなくす道徳授業」

道徳授業改革シリーズ

千葉孝司の道徳授業づくり
発問を変える！価値に迫る道徳授業

2020年10月初版第1刷刊 　©著　者	千　葉　孝　司	
発行者	藤　原　光　政	
発行所	明治図書出版株式会社	

http://www.meijitosho.co.jp
（企画）及川　誠　（校正）西浦実夏
〒114-0023　東京都北区滝野川7-46-1
振替00160-5-151318　電話03（5907）6703
ご注文窓口　電話03（5907）6668

＊検印省略　　　　　組版所　中　央　美　版

Printed in Japan
JASRAC 出 2004932-001
もれなくクーポンがもらえる！読者アンケートはこちらから
→

ISBN978-4-18-314423-2